新中国成立70年

大家谈

本书编写组 编

人民出版社

目　录

中国会变成一个大强国而又使人可亲

郑必坚

中华民族要站起来，要富起来，要走向强起来，要建成一个强大而又使人可亲的社会主义现代化国家。这是新中国成立以来70年的奋斗历程及其光辉前景。

新中国成立这70年，实实在在是中华民族伟大复兴的艰难奋斗历程中一个扭转乾坤的历史阶段，是中国为"变成一个大强国而又使人可亲"而砥砺奋进的辉煌历程。中国人民爱国主义的悠久传统，在全新历史条件下得到最新发扬。

中国人民要建设的"大强国"，应是习近平同志所要求的"重真情、尚大义"、使人可亲的社会主义现代化强国。

在中国人民前进的道路上仍将充满风险和挑战。但是，久经考验的中国共产党人和中国人民不信邪、不怕压。新时代，我们将迎来的是一个前所未有的、具有特殊重大意义的战略机遇期。

在中华人民共和国成立70周年之际，想起了毛泽东同志在上世纪 50 年代、在我国进入社会主义之初说过的一句话："中国会变成一个大强国而又使人可亲。"短短一句，总共 16 个字，却使人感到一种内涵深刻的强大历史贯穿力。一代伟人对中华民族伟大复兴的这一殷殷期望，贯穿着从那时起直到今天以至尔后多少年。

这里一个基本的历史联系，就是中华民族要站起来，要富起来，要走向强起来，要建设一个强大而又使人可亲的社会主义现代化国家。而这也正是新中国成立以来 70 年的奋斗历程及其光辉前景。我们今天隆重庆祝新中国成立 70 周年，就是要进一步振奋伟大的爱国主义精神，在以习近平同志为核心的党中央领导下，继续全民奋起，发扬斗争精神，向着这个光辉前景迈进。

近代以后 200 年民族复兴的历史追求和新中国 70 年爱国主义的最新发扬

大家知道，"中华民族伟大复兴"，是中国共产党郑重提出的全党全国人民的共同奋斗纲领。

之所以在这里突出提出"复兴"，是因为近代以来中华民族饱经磨难。中国近代史起于 1840 年鸦片战争，正是那场战争，一巴掌把中国打入半殖民地。从那时起，经过 109 年多少重大回合的浴血奋战，才建立了中华人民共和国。如果以 30 年为一代人来计算，这 109 年就是三四代人啊！而新中国成立后到今天的 70 年，则是两代人还多；如果再加上从现在起到本世纪中叶实现第二个百年奋斗目标的今后30年、一代人，又是一个100年、三四代人啊！所以，算一笔总账：从鸦片战争到实现第二个百年奋斗目标，共计210年，总共要有七代中国人的艰苦奋斗。

这就叫做中国近代史、现代史和正在书写的中国当代史。或者说，这就叫做中国近代以后200年的"愚公移山"史。或者再换句话说，这就叫做有几千年文明史的中国人民爱国主义传统在近代以后200年中的最新发扬。

说到这里，必须强调一点，在这200年中真正起决定作用并且真正成功的，是从1921年起步的中国共产党及其领导的中国人民发扬爱国主义所进行的伟大斗争。

正如习近平同志所指出的，中国共产党成立，"这一开天辟地的大事变，深刻改变了近代以后中华民族发展的方向和进程，深刻改变了中国人民和中华民族的前途和命运，深刻改变了世界发展的趋势和格局。"正是在中国共产党领导下，以中国化马克思主义为指导，中国人民进行了新民主主义革命、社会主义革命和建设、在改革开放中建设中国特色社会主义。今天，我们在中国特色社会主义进入新时代的条件下，在全面建成小康社会基础上再分两步走：2035年基本实现社会主义现代化；2050年把我国建设成为富强民主文明和谐美丽的社会主义现代化强国。

这样，我们面前又有一笔"两个一百年"的总账：一是从1921年中国共产党成立到2020年全面建成小康社会，这是头一个100

年；二是从 1949 年中华人民共和国成立到本世纪中叶把我国建成社会主义现代化强国，这是第二个 100 年。这也就是我们现在常讲的"两个一百年"奋斗目标。

放到中华民族伟大复兴的 200 年中来看新中国成立以来这 70 年，放到中国共产党领导中国人民进行伟大奋斗的近百年中来看新中国成立以来这 70 年，可以体会到，这 70 年实实在在是中华民族伟大复兴的艰难奋斗历程中一个扭转乾坤的历史阶段，是中国为"变成一个大强国而又使人可亲"而砥砺奋进的辉煌历程。中国人民爱国主义的悠久传统，在全新历史条件下得到了最新发扬。

新中国 70 年和中国近代以来的三次伟大民族觉醒

观察当代中国问题不可或缺的一个视角，就是中国的历史命运既来自中国的大变动，又同世界的大变动相联系。具体地说，近代以来中国社会大变动的三次大转折，同世界范围三轮经济全球化的曲折发展密不可分。

第一轮严格意义上的经济全球化始于 16 世纪、盛于 18 世纪中叶，当时中国正处于"落日辉煌"的"康乾盛世"，而英国的工业革命方兴未艾。发生鸦片战争的 1840 年，恰恰是英国国内铁路网建成之年。这两件事发生在同一年，不是偶然的，恰好说明英国工业革命基本完成之日，即是中国被一巴掌打入半殖民地之时。

从那时起，为了救亡图存和振兴发展，从近代中国"睁眼看世界第一人"林则徐，到喊出"振兴中华"口号、领导辛亥革命、建立中华民国的伟大革命先行者孙中山，中国人从未止息可歌可泣的战斗。

第二轮经济全球化始于19世纪末20世纪初，西方资本主义国家进入帝国主义阶段。但是在20世纪上半叶30多年间先后爆发的两次世界大战，使得这一轮经济全球化的进程中断了。

中国人抓住时机起来革命。在以毛泽东同志为主要代表的中国共产党人卓越领导下，经过北伐战争、土地革命、抗日战争和解放战争，中国人民推翻了帝国主义、封建主义、官僚资本主义三座大山，建立了中华人民共和国，实现了民族独立和人民解放，并且从新民主主义过渡到社会主义，取得了社会主义建设的巨大成就。

第三轮经济全球化始于20世纪70年代末80年代初，美国在越南战争中失败，苏联也在阿富汗战争中受挫。有资格打世界大战的这两个超级大国的全球战略先后遭受重大挫折，世界逐渐形成和平与发展成为时代主题的新格局。

中国人又抓住了新的时机。1978年，党的十一届三中全会决定实行改革开放，为实现中国的社会主义现代化而奋斗。经过40多年努力奋斗，中国共产党人成功地开创了一条在开放中谋求共同发展的道路。中国坚持对外开放基本国策，奉行互利共赢的开放战略，不断提升发展的内外联动性，在实现自身发展的同时更多惠及其他国家和人民。

这就是三轮经济全球化和中国命运的三次历史性大转折。在这个曲折而复杂的进程中，围绕"救亡图存"和"振兴发展"，中国人先后认识到"天朝大国"已经腐朽，必须推翻帝制、建立共和国以图强；认识到照搬西方道路走不通，必须走新民主主义革命道路、建立人民共和国以图强；又认识到实现社会主义现代化不能走老路，也不能走邪路，必须开创中国特色社会主义新路、实行改革开放以图强。正是"中国会变成一个大强国而又使人可亲"的梦想，推动着中国人以中国化马克思主义为指导把这三次伟大觉醒相连接，并在新中国成立以来的不屈不挠的持久奋斗中开辟了一条中华民族伟大复兴的正确道路。

抓住新时代新的历史机遇，走向"大强国而又使人可亲"的明天

对伟大革命最好的纪念，是把注意力集中到正待完成的革命任务上来。今天，在以习近平同志为核心的党中央领导下，中国特色社会主义进入新时代，这标志着近代以来历经磨难的中华民族迎来了从站起来、富起来到强起来的伟大飞跃。而这个"强起来"，展开地说，就是建立一个作为"大强国而又使人可亲"的中国。

建成"大强国"，关键在于发展生产力、市场力、创新力、国防力、社会治理力和文化力。中国一定能够在新发展理念引领下实现国民经济从"高速度"到"高质量"的转型，形成高端生产力；

中国一定能够在全面深化改革推动下实现公有制为主体、多种所有制经济共同发展新格局，形成更加旺盛的市场力；中国一定能够在工业化和信息化相结合进程中实现科技革命突飞猛进发展，形成可持续的创新力；中国也一定能够在军队改革中实现新军事变革，形成维护国家安全和世界和平的国防力。关于社会治理力，这里只想着重指出中国扶贫事业的成功发展，已经成为改变中国面貌且具有划时代意义的一大亮点。至于文化力，这里需要特别说到的是，中华优秀传统文化经过几千年从未中断的曲折发展，形成了独具特色、举世无双的伟大文化力。这样的文化力，乃是中华民族基于历史积累而形成的强大凝聚力、生命力和创造力，以及由此产生的强大吸引力、亲和力。它是"大强国"的综合国力中非常重要的组成部分，实际上是"大强国"能够"使人可亲"的前提条件。

"使人可亲"，体现在国内，是对中华优秀传统文化进行创造性转化和创新性发展，在全面推进社会主义法治建设、社会主义核心价值观建设中，形成更加和谐的人际关系；体现在国际，是中国顺应和平、发展、合作、共赢的时代潮流，在和平发展道路上与世界各国共同构建人类命运共同体，与世界和谐相处，成为维护世界和平的坚定力量。

说到这里，我们可以读一读习近平同志在2017年春节团拜会上所说的一段话："真情，需要用社会主义核心价值观来引领，需要用中华民族传统美德来滋养。真情，是不虚、不私、不妄之情。真情不虚就是要忠诚老实、诚恳待人，真情不私就是要砥砺品德、刚正无私，真情不妄就是要光明磊落、坦坦荡荡。唯有如此，亲情、友情、爱情、同志之情才能高尚恒久，才能有益于自己，有益于亲人、友人、所爱之人、同志之人，也才能铸就守望相助、天下同心的人间大爱。我们要让真情大义像春风一样吹遍神州大地，吹进千家万户，给每一个中华儿女带来温暖。"由这一大段话得到启示，中国人民要建设的"大强国"，正应是习近平同志所要求的"重真情、尚大义"、使人可亲的社会主义现代化强国。

毫无疑问，中国人民前进道路上仍将充满风险和挑战。但是，久经考验的中国共产党人和中国人民不信邪、不怕压。别的不说，只就当前国际范围猖獗一时的贸易保护主义和民粹主义而论，我们就决不相信这类逆时代潮流而动的东西能够得逞。恰恰相反，这类丑恶东西只能使中国更加警觉、更加清醒，从而更加牢牢把握新时代的战略机遇期。

新时代，我们将迎来的是一个前所未有的具有特殊重大意义的战略机遇期。就国际大局来说，它将是一个同经济全球化向着新一轮（第四轮）发展相联系的战略机遇期；它将是一个同世界格局向着多极化发展相联系的战略机遇期；它将是一个同包括中国在内的一大批发展中国家共同和平发展相联系、并同一批发达国家再发展相联系的战略机遇期；它将是一个同新时代中国特色社会主义按照总体布局、战略布局向上跃升相联系的战略机遇期；它还将是一个同个别大国单边主义、霸权主义不可避免走向相对弱势以至没落相联系的战略机遇期。

就国内大局来说，这个新时代的战略机遇期，除了前面说到的"六大力"的大发展之外，这里还要强调一点，就是今天中国正在迎来一个"新的群众的时代"，中华民族伟大复兴的历史重任已经落到"新的时代的群众"身上。"80后""90后"和即将进入社会的"00后"作为"新的群众"，正在成为新时代实现中华民族伟大复兴的生力军。中国共产党党员9000多万人，其中30%是"80后""90后"的年轻人。这样的朝气蓬勃的"新的群众"的先锋力量，作为社会主义建设者和接班人，正在以爱国爱党爱社会主义相统一的当代爱国主义，挑起实现"两个一百年"奋斗目标的历史重担。这可是中华民族在新时代兴旺发达的带有根本性的动力源泉，也是党的工作必须紧密联系的新兴力量。

这就叫做天下大势，这就叫做时代潮流。

成为一个大强国而又使人可亲，关键在中国共产党

中国共产党作为中国工人阶级的先锋队，同时是中国人民和中华民族的先锋队。中国共产党人是坚定的共产主义者，同时又是伟大的爱国主义者。正是中国共产党领导的人民大革命，使得"占人类四分之一的中国人从此站立起来了"；中国共产党领导的改革开放，使得中国和中国人民"富起来"了。中国共产党也一定能够领导我们伟大的民族从"富起来"迈向"强起来"。

办好中国的事情，关键在中国共产党。这首先指的是，关键在中国共产党的领导；同时指的是，关键在中国共产党的自我革命。在中国共产党的自我革命中实现中国共产党的正确领导，这是中国人民经过长期革命、建设、改革获得的重要历史经验。

担负着新时代重任的中国共产党人，将始终恪守中国共产党在长期斗争中形成的"具有中国共产党人特色的立场、观点和方法"，这就是实事求是、群众路线和独立自主。这是中国共产党之所以能够带领中国人民实现"站起来"和"富起来"的法宝，也是中国共产党在新时代能够进一步带领中国人民迈向"强起来"的明天、把中国建设成为一个"大强国而又使人可亲"的社会主义现代化国家的法宝。

还要指出的是，建设一个"大强国而又使人可亲"的国家不可能一帆风顺。正如习近平同志近日在中央党校（国家行政学院）中青年干部培训班开班式上指出的："在前进道路上我们面临的风险考验只会越来越复杂，甚至会遇到难以想象的惊涛骇浪。我们面临的各种斗争不是短期的而是长期的，至少要伴随我们实现第二个百年奋斗目标全过程。"而随着中国特色社会主义伟大事业的发展，能否抓住和用好重要战略机遇期，将越来越取决于我们在具有许多新的历史特点的伟大斗争中的作为，取决于我们自己的路线、战略和实际工作。历史的经验已经反复证明这一点，今后的发展将更加有力地证明这一点。我们应当努力。

（原载 2019 年 9 月 18 日《人民日报》）

波澜壮阔、彪炳史册的 70 年

郑新立

今年，中华人民共和国迎来了自己的 70 华诞。70 年在中华民族悠久的历史上只是短暂的一瞬，但是却创造了灿烂辉煌、彪炳史册的业绩。这是在中国共产党领导下对社会主义道路艰辛探索的70 年，是中国人民从贫穷走向富裕的 70 年，是从落后的农业国走向社会主义现代化强国的 70 年。

一、1949—1978：建立社会主义制度和探索社会主义发展道路的时期

新中国成立之后，仅用短短半年时间，我们就统一了财政，稳定了物价，实现了财政收支基本平衡，解决了旧中国多少年来无法解决的金融物价问题，结束了连续多年以来使人民深受其害的恶性

通货膨胀、物价飞涨的局面，有力推动了在全国范围内改造半殖民地半封建经济为独立自主的新民主主义经济的转变，为安定人民生活，恢复和发展工农业生产创造了条件。

从 1950 年冬到 1952 年底，党领导占全国人口一多半的新解放区进行了废除封建土地制度的改革。颁布了《土地改革法》，全国有约 3 亿无地少地的农民无偿获得约 7 亿亩土地，免除了过去每年向地主缴纳的 3000 万吨以上粮食的地租，还分得了大量生产资料和生活资料，农民生产积极性得到极大提升，农村生产力得到极大解放，农业迅速恢复和发展，为国民经济其他部门的恢复奠定了基础。仅用三年时间，我们党带领全国人民经过艰苦奋斗，就彻底医治了战争创伤，全面恢复了解放前遭到严重破坏的千疮百孔的国民经济。

到 1952 年，我国面临的形势是，土地改革在全国范围基本完成，恢复国民经济的任务顺利实现，朝鲜停战谈判双方在主要问题上达成协议，国家具备了开展大规模经济建设的条件。中共中央决定从 1953 年起执行我国发展国民经济的第一个五年计划，并提出向社会主义过渡的总路线。过渡时期总路线的基本内容是："从中华人民共和国成立，到社会主义改造基本完成，这是一个过渡时期。党在这个过渡时期的总路线和总任务，是要在一个相当长的时期内，逐步实现国家的社会主义工业化，并逐步实现国家对农业、对手工业和对资本主义工商业的社会主义改造。这条总路线是照耀我们各项工作的灯塔，各项工作离开它，就要犯右倾或'左'倾的错误。"随着总路线的贯彻落实，党探索并稳妥解决了社会主义改造的具体途径问题，创造性地完成了从新民主主义到社会主义的转变，在中国建立起社会主义基本制度，实现了中国历史上最广泛最深刻的社会变革。这是中国社会变革和历史进步的巨大飞跃，也极大地支持和推进了世界社会主义事业和一切进步事业。

从 1953 年到 1957 年，我国完成了第一个五年计划。我们以苏联援建的 156 项重点工程为中心，进行了大规模投资，逐步形成了一批门类比较齐全的基础工业项目，涉及冶金、汽车、机械、煤炭、石油、电力、通信、化学、国防等领域，为国民经济的进一步发展打下了坚实的基础。从 1964 年开始的三线建设，不仅增强了国防力量，而且改善了工业布局。中国能够自行设计和批量生产汽车、飞机、坦克、拖拉机等，而且成功爆炸了原子弹、氢弹，试制并成功发射了中远程导弹和人造卫星。同时，还通过兴修水利、开展农田基本建设、培育推广良种、提倡科学种田，较大幅度提高了粮食生产水平和抵御自然灾害的能力。

经过几个五年计划的建设，到 1978 年，我国国民生产总值和财政收入分别比新中国成立初期有了几倍、十几倍的增长，农业生产条件得到很大改善，原有工业部门大大加强，许多新的工业部门从无到有、从小到大迅速发展起来。从 1950 年到 1978 年，我国工农业总产值年均增长速度为 9.5%，国民收入年均增长 7.3%。钢产量从 1949 年的 16 万吨增长到 1976 年的 2046 万吨，发电量从 1949 年的 43 亿度增长到 1976 年的 2031 亿度，原油从 1949 年的

12 万吨增长到 1976 年 8716 万吨，原煤从 1949 年的 3200 万吨增长到 1976 年的 4.83 亿吨，汽车产量从 1955 年年产 100 辆增长到 1976 年的年产 13.52 万辆。总体上，在"一穷二白"的基础上，建立了独立的比较完整的工业体系和国民经济体系，这就为中国经济独立自主的、持续的发展奠定了牢固的物质技术基础。

随着建设事业的发展，广大人民群众的物质、文化生活水平逐步得到提高。全国居民人均消费水平，农村居民从 1952 年的 65 元增加到 1976 年的 131 元，城镇居民同期从 154 元增加到 365 元，初步满足了占世界四分之一人口的基本生活需要。从 1949 年到 1976 年，小学在校生从 2439 万人发展到 1.5 亿人；中学在校生从 103.9 万人发展到 5836.5 万人；高等学校在校生从 11.7 万人发展到 56.5 万人。学龄儿童入学率达到 90% 以上。劳动者的整体素质得到很大的提高。教育文化体育医疗等事业都得到长足发展。居民平均寿命显著延长，1949 年仅为 35 岁，1975 年提高到 63.8 岁。

在探索社会主义建设道路的过程中，我们也出过问题、走过弯路，主要是在 1958 年开始的"大跃进"尤其是 1966 年开始的"文化大革命"时期，曾经犯过严重错误，经历了严重曲折，但从总体上说，中国共产党领导社会主义革命和社会主义建设取得的成就是巨大的，这些成就从根本上改变了中国人民的前途命运，为当代中国发展进步奠定了坚实基础。党领导人民在实践中积累的正反两方面经验，对于中国共产党人和中国人民胜利走向未来有着深刻的启示。

比如，走独立自主建设中国社会主义的道路，坚决维护国家的主权独立、统一和领土完整，不以意识形态和社会制度划线，不将自己的价值观强加于人，不同任何国家和国家集团结盟，不干涉别国内政，也不允许任何国家干涉我国内政；始终坚持以经济建设为中心，大力发展生产力，把集中力量发展社会生产力作为根本任务，这是总结我国社会主义建设经验教训得出的重要结论；要遵循经济建设规律，从基本国情出发，正确判断我国社会所处的历史阶段，不能急于求成、不能超越生产力发展阶段，要有步骤、分阶段地实现社会主义现代化发展目标；要把改善人民生活放在重要地位，逐步满足人民日益增长的物质和文化需要；要调动一切积极因素，依靠最广大人民群众建设社会主义，要正确认识和分析我国的社会阶层状况，采取符合实际的方针政策，团结一切可以团结的力量建设社会主义；主张社会主义社会还存在商品生产和商品交换，要让价值规律和价格信号发挥作用，计划要建立在市场的基础上，等等。中国共产党领导人民进行的社会主义建设的实践探索及取得的宝贵经验，为进入改革开放历史新时期、为开创中国特色社会主义打下了基础。

二、党的十一届三中全会开启改革开放的历史进程

改革开放 40 多年来，特别是党的十八大以来，我国之所以能

够创造经济奇迹，关键在于通过不断深化改革，推动了经济结构的不断转换，从而释放出经济增长的新动能，促进了经济的持续快速健康发展。

上世纪 80 年代农村改革带动了农业大发展和乡镇企业崛起，一举结束了短缺经济。改革之初，我国被长期存在的商品匮乏所困扰。食品供给不足，不得不长期实行粮食统购统销政策。工业消费品短缺，不得不凭票供应，票证多达几十种。这种情况被视为社会主义的通病，以至于有国外经济学家把它概括为"短缺经济"。我们的改革就围绕着解决短缺问题开始。由安徽小岗村农民创造的土地家庭联产承包责任制，调动了家庭的积极性，对粮食增产发挥了奇效。尽管当时不少人认为这是走资本主义道路，但是在邓小平同志的支持下，这项改革得以继续并迅速在全国各地推广，粮食和各种农产品连年大幅度增产，很快就满足了市场需要。到 1992 年，各地粮食库存增多，占压了大量资金。全国多数地区放开了粮食价格，从 1993 年开始，实行了 39 年的粮食统购统销政策退出历史舞台。与此同时，围绕增加短缺工业品鼓励乡镇企业发展，国家对发展轻纺工业实行优先供给能源、原材料、外汇等"六个优先"政策，消费品工业出现了高速发展局面。仅用十年时间，琳琅满目的工业消费品就涌向市场，结束了票证时代。改革首先在农业和消费品工业上发力，主要在于它们所提供的产品属于最终消费品，距离市场最近，人民受益最快。当人民享受到改革红利之后，就更加支持改革，并以更大的热情投入改革发展之中。在产业结构上，农业和轻纺工业成为这一时期的增长点，拉动了整个国民经济的起飞。乡镇企业崛起造就了一大批农民企业家。

上世纪 90 年代建立社会主义市场经济体制和现代企业制度，带动了四大支柱产业振兴和经济腾飞。1992 年召开的党的十四大，提出了建立社会主义市场经济体制的改革目标。1993 年党的十四届三中全会做出了《中共中央关于建立社会主义市场经济体制若干重大问题的决定》，提出了市场经济体制的框架体系，国有企业要建立现代企业制度，这是我国经济体制改革的重大突破。1995 年开始实施的"九五"计划，提出了振兴电子机械、石油化工、汽车制造和建筑业四大支柱产业。此前，重化工业产品大量依赖进口，远远满足不了市场需求；城镇居民改善居住条件的愿望强烈，住房建设跟不上需求增长。振兴四大支柱产业适应了产业结构调整的要求。市场经济体制和现代企业制度的建立，解放了生产力。一批国有企业和民营企业在振兴支柱产业中迅速发展壮大。仅用十年时间，四大支柱产业占国内生产总值的比重就由 8% 上升到 20%，支撑了 90 年代经济的腾飞。机电产品出口在出口总额中的比重不断提高，我国制造业占全球的比重迅速提升。建筑业的迅速发展不仅满足了市场需求，而且拉动了钢铁、水泥、玻璃等建材工业和能源工业的发展。到上世纪末，我国已有 200 多种工业产品产量居世界第一位。这一时期发展的突出特征，就是重工业的增长速度明显高于轻工业，重工业在工业中的比重迅速上升，工业产品的附加值和技术含量不断提高。改革促进了经济结构调整，结构转换释放了经济增长的新动能，有力地推动了 90 年代的经济发展。

新世纪第一个十年通过发行国债进行基础设施建设，把高铁网、高速公路网和通讯网搞到世界第一。1998 年 4 月，为了应对亚洲金融危机的影响，按照党中央提出的扩大内需战略，国务院决定增发 1000 亿元十年期长期建设债券，在实际执行中按 1250 亿元掌握，同时银行配套贷款 1000 亿元，集中用于交通通信、农田水利、城市基础设施和环保、城乡电网改造、经济适用房等领域的建设。国债连续发行了 5 年。这项政策有力地扭转了通货紧缩趋势，支持了当期经济增长，并为之后十年经济的高速增长奠定了坚实基础，成功地把亚洲金融危机带来的挑战变成了发展机遇。进入新世纪的第一个十年，我国经济年均增长速度高达两位数，出现了我国历史上的黄金增长期。我国的经济总量由世界第六位上升到第二位，综合国力明显增强。过去常常有人讲，经济总量大了，速度会相应慢下来。但是，相对于上世纪八九十年代来讲，新世纪第一个十年的总量要大多了，速度反而更快了。出现这种现象，不能不说是改革的成功，是宏观调控的成功。

三、党的十八大标志中国特色社会主义进入新时代

（一）围绕转变经济发展方式，在调整需求结构、产业结构、要素结构等方面取得突破性进展

转变经济发展方式是贯穿"十二五""十三五"规划的主线。但与之前经历的结构转换不同，党的十八大以来的这一次经济结构转换的覆盖面更广、内涵更丰富、针对性更强，特别是党的十九大提出实现高质量发展的重要目标，对结构调整提出了更高的要求。我们以供给侧结构性改革为主线引领各项改革，经过多年的努力，转变经济发展方式已经取得重大进展。

——在投资与消费结构的调整上，通过调整收入分配结构，重点增加中低收入者收入，特别是增加农民收入；采取鼓励消费的措施，重点鼓励增加服务消费；适度控制投资增长速度。经过坚持不懈努力，投资与消费失衡的局面已经改变。在国内生产总值构成中，资本形成总额所占比重已经由 2010 年的 47.9% 下降到 2016 年的 44.2%，最终消费支出的比重同期由 48.5% 上升到 53.6%。2018 年，最终消费支出对经济增长的贡献率达到 78.0%，资本形成总额对经济增长的贡献率下降为 31.8%，消费已经成为拉动经济增长的最大动力。

——在产业结构调整上，鼓励第三产业发展，对第三产业全面

实行营业税改增值税，降低了第三产业企业的税负。2017 年，第三产业投资增速达到 9.5%，是工业投资增速的近三倍，改变了经济增长过度依赖第二产业的状况，第三产业已经成为新的增长点。2018 年，第三产业占 GDP 的比重已经上升到 52.2%，对经济增长的贡献率达到 59.7%。

——在要素结构调整上，鼓励技术进步、改善管理和提高劳动者素质，经济增长过度依赖物质资源消耗的状况已经明显改变，生态环境恶化的趋势已经制止，局部开始改善。科技研发投入不断增加，技术成果开始成批涌现。我国申请技术专利数量已连续多年居世界第一位，国际专利申请量同美国的差距也逐年缩小。涌现了一批创新型企业。深圳作为创新型城市在带动全国技术创新中发挥着重要作用。在创新驱动下，我国高新技术产业、战略性新兴产业在工业和出口中的比重不断提高。围绕重大技术难题组织产业联盟进行科研攻关不断取得突破。政府、企业和科研人员创新的积极性已经调动起来，以创新求发展已经成为全社会的共识，技术进步对经济增长的贡献率不断提高。

（二）解决城乡二元结构矛盾，实现乡村振兴，是当前面临的又一次结构大调整的战略任务

党的十九大提出，我国社会主要矛盾已经转变为人民对美好生活的需要同不平衡不充分的发展之间的矛盾，提出了乡村振兴目标和城乡融合发展战略，从战略依据、战略目标到战略举措形成一个完整的战略组合。

回顾改革开放的历程，我们以改革促发展，把消费资料、生产资料、基础设施、第三产业都搞上去了，在经济结构上剩下最后一个硬骨头，就是城乡结构。城乡差距大不仅关系到农村的 5 亿多人口能不能与全国人民一道共享改革发展成果，过上体面的生活，也蕴藏着巨大的发展潜能。实现乡村振兴，使农民的收入水平能够赶上城市人口的收入水平，使农业劳动生产率能够赶上社会平均劳动生产率，把农村建设得比城市更漂亮、更宜居，是我国经济结构调整面临的重大历史任务，也是亟待释放的经济发展最大新动能。

城乡差距大是社会主要矛盾的集中体现。发展的不平衡、不充分集中表现在城乡之间发展不平衡和农村发展不充分。城乡居民收入差距仍在 2.7 ：1；农业劳动生产率仅为全社会劳动生产率的 28%，缺乏国际竞争力。区域发展差距本质上是城乡差距的反应，因为中西部的城市同沿海地区城市没有什么太大差距，主要是中西部的农村远远落后于沿海地区农村。社会发展滞后于经济发展，主要表现在农村的公共服务和基础设施严重落后于城市。生态环境压力加大主要体现在农产品质量安全、农业面源污染堪忧和农村环境的脏乱差上。导致城乡差距拉大的重要原因，是城乡市场发育程度不同。城市的各类生产要素都已经市场化了，农村却处在半市场化或非市场化状态。按照商品流动规律，农村的生产要素 40 年来源源不断流向城市，而城市的要素却流不到农村去。

党的十九大提出要建立城乡融合发展的体制机制和政策体系，

关键是要建立城乡统一的全要素市场体系，发挥市场对城乡资源配置的决定性作用。要全面认真落实十八届三中全会《中共中央关于全面深化改革若干重大问题的决定》精神，改革农村土地制度，激活土地资本。农民凭借对农村土地的用益物权，可以抵押、担保、转让、入股，获取财产性收入。以农村土地为平台，吸引城市资本下乡。今年 4 月 15 日《中共中央 国务院关于建立健全城乡融合发展体制机制和政策体系的意见》对建立城乡统一的要素市场做出了具体部署，提出"允许农村集体经营性建设用地就地入市或异地调整入市；允许村集体在农民自愿前提下，依法把有偿收回的闲置宅基地、废弃的集体公益性建设用地转变为集体经营性建设用地入市"。落实这些改革举措，就能为农村发展筹集和吸引大量资金，支持农业现代化、新农村建设和农民工市民化，从而为建设富强、民主、文明、和谐、美丽的社会主义现代化强国做出贡献。

（三）为全面建成小康社会，完成现阶段中国特色社会主义的主要任务打下决定性基础

到 2020 年全面建成小康社会，是现阶段建设中国特色社会主义的主要任务。2020 年要建成的全面小康社会，与 2000 年已经达到的总体小康水平相比，是经济更加发展、民主更加健全、科教更加进步、文化更加繁荣、社会更加和谐、人民生活更加殷实的小康社会。按照党的十九大提出的新战略部署，在全面建成小康社会基础上，将分两步走在本世纪中叶建成富强民主文明和谐美丽的社会主义现代化强国。诚然，我们在前进道路上会遇到各种困难和挑战，但任何艰难险阻都挡不住已经觉醒了的近 14 亿中国人民前进的步伐。

2019 年是新中国成立 70 周年，是决胜全面建成小康社会的关键之年。做好当前工作，确保全面建成小康社会目标圆满实现，是全党全国人民团结一致为之奋斗的紧迫任务。我们要以习近平新时代中国特色社会主义思想为指导，统筹推进"五位一体"总体布局，协调推进"四个全面"战略布局，突出抓重点、补短板、强弱项，保持经济持续健康发展和社会大局稳定，为全面建成小康社会收官打下决定性基础，以优异成绩庆祝中华人民共和国成立 70 周年。

党的十九大提出我国社会主要矛盾已经转化为人民日益增长的美好生活需要和不平衡不充分的发展之间的矛盾，并依据社会主要矛盾变化，提出实施乡村振兴战略、坚持农业农村优先发展。农村发展既是全面建成小康社会的难点，又是贯彻新发展理念、让全体人民共享改革发展成果的重点。要抓紧建立健全城乡融合发展的体制机制和政策体系，动员各方面力量积极投入农业现代化、新农村建设、农民工市民化和特色小镇建设，加快乡村振兴进程。通过全面深化农村体制改革，促进生产要素在城乡之间双向自由流动，促进农业劳动生产率和农民收入提高，加快补齐农业农村发展短板。

打赢脱贫攻坚战，确保一个不落地实现全面小康，这一任务非常艰巨。习近平总书记强调："小康不小康，关键看老乡。"目前我国尚未脱贫的人口主要集中在自然条件较差的农村和缺乏劳动力的家庭。应动员全社会力量帮扶困难地区、困难家庭提高生产能力和就业技能，建立造血机制。要细心筛查，不漏过一个贫困户。根据致贫原因和当地条件，有针对性地实施科技扶贫、就业扶贫、易地扶贫搬迁、生态扶贫、信息扶贫、教育扶贫等举措。

把推进基本公共服务均等化作为决胜全面建成小康社会的重要任务。城乡区域基本公共服务不均等，既是城乡和区域发展不平衡的重要表现，又是导致城乡和区域发展不平衡的重要原因。特别是在教育、医疗、社会保障、交通通信、市场中介等方面城乡差距较大，已成为全面建成小康社会必须着力解决的问题。应加大财政转移支付力度，加快实现基本公共服务均等化；加快解决社会事业发展滞后于经济发展的问题，努力满足人民在教育、医疗、养老、文化等方面的多层次多样化需求。

决胜全面建成小康社会，关键在于加强和改善党的领导。中国共产党是中国特色社会主义事业的领导核心。实现全面建成小康社会目标，必须加强和改善党的领导，充分发挥党总揽全局、协调各方的领导核心作用。在脱贫任务重的地方，要加强领导力量和人力财力物力支持，特别是加强基层党组织建设，发挥广大党员在脱贫攻坚奔小康中的先锋模范作用。

"艰难困苦，玉汝于成。"回首 70 年历史，在中国共产党领导下，党和国家各项事业取得了历史性成就。我国经济总量上升到世界第二位，社会生产力、经济实力、科技实力大幅提高，人民生活水平、居民收入水平、社会保障水平大幅提升，综合国力、国际竞争力、国际影响力大幅增强。以习近平同志为核心的党中央，正在团结带领全国各族人民深入贯彻党的十八大、十九大精神，紧紧围绕坚持和发展中国特色社会主义、实现"两个一百年"奋斗目标和中华民族伟大复兴的中国梦，提出习近平新时代中国特色社会主义思想，统筹推进经济建设、政治建设、文化建设、社会建设、生态文明建设"五位一体"总体布局，协调推进全面建成小康社会、全面深化改革、全面依法治国、全面从严治党"四个全面"战略布局，党和国家事业正在揭开更加辉煌灿烂的崭新篇章！

（作者系中共中央政策研究室原副主任；

原载 2019 年第 15 期《红旗文稿》）

指引新中国创造发展奇迹

——新中国成立 70 年马克思主义中国化光辉历程

徐光春

　　一部马克思主义中国化发展史，就是一部中国共产党将马克思主义基本原理同中国革命、建设、改革实际相结合而不断形成新理论、开创新境界、指导新实践的历史。新中国成立 70 年来，我们党持续推进马克思主义中国化，指引新中国创造了令世人瞩目的发展奇迹。

指引中国社会发生翻天覆地变化

　　"马克思主义的中国化"这一重大命题，是 1938 年毛泽东同志在延安举行的党的六届六中全会上首次提出的。从此，"马克思主义中国化"就被用来指代将马克思主义基本原理同中国具体实际相结合形成新理论、开创新境界、指导新实践这一坚持和发展马克思主义的思想理论创新，在中国共产党领导的革命、建设、改革事业中长期坚持下来。

1949 年 10 月 1 日，中华人民共和国成立。新中国成立后，中国发展向何处去的问题鲜明地摆在中国共产党和中国人民面前。新民主主义革命胜利后，如何通过社会主义革命，建立全新的社会主义制度？如何在中国这样一个经济文化比较落后的国家建设社会主义？以毛泽东同志为主要代表的中国共产党人没有被这些难题吓倒，坚定不移推进马克思主义中国化。新中国成立后，以毛泽东同志为主要代表的中国共产党人带领人民，在迅速医治战争创伤、恢复国民经济的基础上，不失时机提出了过渡时期总路线，创造性地完成了由新民主主义革命向社会主义革命的转变，使中国这个占世界 1/4 人口的东方大国进入社会主义社会，成功实现中国历史上最深刻最伟大的社会变革。社会主义基本制度确立后，如何在中国建设社会主义，是党面临的崭新课题。毛泽东同志对适合中国情况的社会主义建设道路进行了艰辛探索。他以苏联的经验教训为鉴戒，提出要创造新的理论、写出新的著作，把马克思列宁主义基本原理同中国实际进行"第二次结合"，找出在中国进行社会主义革命和建设的正确道路，制定把我国建设成为一个强大的社会主义国家的战略思想。在探索过程中，虽然经历了严重曲折，但党在社会主义革命和建设中取得的独创性理论成果和巨大成就，为在新的历史时期开创中国特色社会主义提供了宝贵经验、理论准备、物质基础。

指引形成中国特色社会主义道路

"文化大革命"结束后，中国历史发展处在转折关头，中国社会主义向何处去的问题突出地摆在全党和全国人民面前。以邓小平同志为主要代表的中国共产党人深刻总结历史经验教训，提出要破除长期形成的僵化观念，坚持解放思想、实事求是，走出一条建设社会主义的新道路。如何走出新道路？用邓小平同志的话来说，就是"把马克思主义的普遍真理同我国的具体实际结合起来，走自己的道路，建设有中国特色的社会主义"。这就要求继续推进马克思主义中国化，用创新理论指导创新实践，开辟建设社会主义新道路。

以邓小平同志为主要代表的中国共产党人，团结带领全党全国各族人民，深刻总结我国社会主义建设正反两方面经验，借鉴世界社会主义历史经验，创立了邓小平理论，作出把党和国家工作重心转移到经济建设上来、实行改革开放的历史性决策，深刻揭示社会主义本质，确立社会主义初级阶段基本路线，明确提出走自己的路、建设中国特色社会主义，科学回答了建设中国特色社会主义的一系列基本问题，制定了到 21 世纪中叶分三步走、基本实现社会主义现代化的发展战略，成功开创了中国特色社会主义。

以江泽民同志为主要代表的中国共产党人，团结带领全党全国各族人民，坚持党的基本理论、基本路线，加深了对什么是社会主义、怎样建设社会主义和建设什么样的党、怎样建设党的认识，积累了治党治国新的宝贵经验，形成了"三个代表"重要思想。在国内外形势十分复杂、世界社会主义出现严重曲折的严峻考验面前，捍卫了中国特色社会主义，确立了社会主义市场经济体制的改革目标和基本框架，确立了社会主义初级阶段的基本经济制度和分配制度，开创全面改革开放新局面，推进党的建设新的伟大工程，成功把中国特色社会主义推向 21 世纪。

以胡锦涛同志为主要代表的中国共产党人，团结带领全党全国各族人民，坚持以邓小平理论和"三个代表"重要思想为指导，根据新的发展要求，深刻认识和回答了新形势下实现什么样的发展、怎样发展等重大问题，形成了科学发展观，抓住重要战略机遇期，在全面建设小康社会进程中推进实践创新、理论创新、制度创新，强调坚持以人为本、全面协调可持续发展，形成中国特色社会主义事业总体布局，着力保障和改善民生，促进社会公平正义，推动建设和谐世界，推进党的执政能力建设和先进性建设，成功在新的历史起点上坚持和发展了中国特色社会主义。

指引中国特色社会主义进入新时代

党的十八大以来，以习近平同志为主要代表的中国共产党人，顺应时代发展，从理论和实践结合上系统回答了新时代坚持和发展什么样的中国特色社会主义、怎样坚持和发展中国特色社会主义这个重大时代课题，创立了习近平新时代中国特色社会主义思想。我们党坚持以习近平新时代中国特色社会主义思想为指导，解决了许多长期想解决而没有解决的难题，办成了许多过去想办而没有办成的大事，推动党和国家事业取得历史性成就、发生历史性变革，中国特色社会主义得到前所未有的巨大发展。为此，党的十九大郑重宣布中国特色社会主义进入新时代，将习近平新时代中国特色社会主义思想确立为我们党必须长期坚持的指导思想。

作为马克思主义中国化最新成果，习近平新时代中国特色社会主义思想具有鲜明的时代性、原创性和实践性。时代性，主要体现在习近平同志关于中国特色社会主义进入新时代的重大判断上，关于中国特色社会主义进入新时代重大意义的揭示上，关于中国特色社会主义新时代内涵的重要论述上，关于新时代中国共产党历史使命的深刻阐述上，等等。原创性，集中体现在党的十九大报告概括的关于习近平新时代中国特色社会主义思想"八个明确"和"十四个坚持"的内容中。"八个明确"和"十四个坚持"都是习近平新时代中国特色社会主义思想的重要组成部分。其中，关于我国社会主要矛盾的变化、中国特色社会主义最本质的特征和中国特色社会主义制度的最大优势、坚持以人民为中心的发展思想、伟大的社会革命和自我革命、推动构建人类命运共同体等重要论述都是原创性的。习近平新时代中国特色社会主义思想还从新时代新征程的角度，从中国共产党的根本宗旨和中华民族伟大复兴的高度，从中国发展现实和世界大发展大变革大调整的维度，对新时代坚持和发展中国特色社会主义进行一系列创造性的谋划和决策，提出一系列原创性的思想和观点。实践性，突出体现在习近平新时代中国特色社会主义思想是在新时代中国特色社会主义伟大实践中形成的，回答的是时代之问、人民之问、实践之问。同时，习近平新时代中国特色社会主义思想又是指导和引领新时代中国特色社会主义实践发展的科学理论和行动纲领，推动新时代中国特色社会主义实践不断创新发展。在习近平新时代中国特色社会主义思想指引下，中国特色社会主义事业正不断开创新局面。

70 年来马克思主义中国化的鲜明特点

新中国成立 70 年，是马克思主义中国化不断创新发展的 70 年。回顾 70 年来马克思主义中国化的光辉历程，可以清晰看出其鲜明特点。

把坚持马克思主义和发展马克思主义有机结合起来。坚持马克思主义是我们党作为马克思主义政党的本质要求，我们党始终把马克思主义作为立党立国的根本指导思想。新中国成立后，我们党发扬革命战争年代的优良传统，不仅坚持马克思主义，而且注重从新中国的具体国情出发，紧密结合新中国各个历史时期的具体实际，不断创新发展马克思主义，使马克思主义充满生机活力。

把马克思主义基本原理同中国具体实际有机结合起来。马克思主义中国化的实质，是运用马克思主义基本原理观察、分析、研究、解决中国革命、建设、改革中的重大理论和实践问题，从而形成不同历史条件下、不同实践基础上新的思想理论成果。新中国成立 70 年来，一代又一代中国共产党人坚持不懈把马克思主义基本原理同各个历史时期的具体实际结合起来，不断进行理论思考和实践探索，形成具有鲜明时代特点和丰富内涵的中国化马克思主义。

把理论创新和实践创新有机结合起来。理论和实践相结合，是理论指导实践的根本途径和基本方法，是马克思主义认识论实践论的充分体现和具体运用。马克思主义中国化的目的是用发展着的马克思主义指引中国革命、建设、改革实践，必须把理论创新和实践创新有机结合起来。新中国成立 70 年来，中国共产党人在理论创新中推进实践创新，在实践创新中开展理论创新，取得一系列重大理论成果和实践成果。

把回答重大时代课题和回应人民重大关切有机结合起来。回答不同历史时期的重大时代课题，是马克思主义中国化的使命和任务，马克思主义中国化的理论成果也正是在不断回答重大时代课题的过程中创立和形成的。人民是历史的创造者，人民的重大关切是时代的呼声、时代的强音，是重大时代课题的具体反映。新中国成立 70 年来，中国共产党人充分发挥人民主体作用，有

力推进马克思主义中国化，推动中国特色社会主义不断开创新
局面。

（作者系中央马克思主义理论研究和建设工程咨询委员会主任；
原载 2019 年 7 月 17 日《人民日报》）

马克思主义"行"的时代证明

卫兴华

马克思主义"行",这不是抽象的论断,而是有着生动具体的表现。我国在改革开放中以马克思主义为指导开创中国特色社会主义伟大事业,使中华民族迎来了从站起来、富起来到强起来的伟大飞跃,就是马克思主义"行"的突出表现。讲马克思主义"行",意味着作为马克思主义重要组成部分的科学社会主义"行"。中国特色社会主义是科学社会主义的继承、创新与发展。理论逻辑和实践逻辑都表明,马克思主义"行"是中国特色社会主义"好"的重要根源,中国特色社会主义"好"是马克思主义"行"的时代证明。

马克思主义之所以"行"、中国特色社会主义之所以"好",首先在于二者具有共同的价值取向。马克思主义的科学社会主义是以劳动人民利益为理论出发点和归宿的。鉴于进入文明社会几千年来,广大劳动人民始终处于被剥削、被压迫的境地,马克思主义提出了解放全人类的思想,不仅要让劳动人民摆脱受剥削、受奴役的处境，而且要让"自由人的联合体"中的每个人都获得全面自由发展，都过上"最美好、最幸福的生活"。《共产党宣言》指出："过去的一切运动都是少数人的，或者为少数人谋利益的运动。无产阶级的运动是绝大多数人的，为绝大多数人谋利益的独立的运动。"与此相一致，中国特色社会主义强调"坚持以人民为中心"，致力于实现好维护好发展好最广大人民的根本利益。习近平同志指出："让老百姓过上好日子是我们一切工作的出发点和落脚点。"在中国特色社会主义新时代，我们要着力解决我国社会主要矛盾，即人民日益增长的美好生活需要和不平衡不充分的发展之间的矛盾，不断提高人民生活水平。

中国特色社会主义坚持科学社会主义的基本原理，因而表现出它的"好"。马克思在《资本论》第一卷第一章中写道：未来代替资本主义的是"一个自由人联合体"，他们"用公共的生产资料进行劳动"。社会主义搞公有制，是服从于一定的任务和目的的，是服从于社会主义的本质规定的。马克思主义搞社会主义的目的是要让人民过上美好而幸福的生活，概括起来说就是实现共同富裕。实现共同富裕，需要大力发展生产力。这一本质规定在马克思、恩格斯、列宁的论著中反复讲过。《共产党宣言》中讲，无产阶级取得政权以后，要尽快增加生产力的总量。马克思在《1857—1858年经济学手稿》中指出，在未来的新社会制度中，"社会生产力的发展将如此迅速""生产将以所有的人富裕为目的"。

马克思主义强调社会主义要实行公有制，正是服从于快速发展生产力和实现共同富裕的任务和目的的。资本主义国家由于存在生产社会化和生产资料资本主义私人占有的基本矛盾，导致周期性的经济危机，阻碍生产力发展。只有实行社会主义公有制，才能从根本上解决这一矛盾，最大限度地解放和发展生产力。社会主义实行公有制，又是服从于共同富裕目的的。中国特色社会主义坚持马克思主义基本原理，并根据社会主义初级阶段这个基本国情和中国的经济社会实际进行创新发展，实行公有制为主体、多种所有制经济共同发展的基本经济制度，使我国生产力发展取得历史性成就。公有制为主体、多种所有制经济共同发展的基本经济制度，是中国特色社会主义制度的重要组成部分，也是完善社会主义市场经济体制的必然要求。新时代，践行以人民为中心的发展思想和创新、协调、绿色、开放、共享的发展理念，坚持和完善公有制为主体、多种所有制经济共同发展的基本经济制度，中国特色社会主义一定能进一步解放和发展生产力，实现共同富裕。

中国特色社会主义理论与实践所取得的巨大成就清楚地表明，马克思主义就是"行"，中国特色社会主义就是"好"。

（作者系北京市习近平新时代中国特色社会主义思想研究中心学术顾问、中国人民大学荣誉一级教授；

原载 2019 年 6 月 28 日《人民日报》）

历史是怎样掀开这一页的

——新中国成立与毛泽东四个"非凡"

石仲泉

今年是新中国成立 70 周年。历史怎样掀开这一页使中国人民站起来？这段历史的许多节点历历在目，无不与毛泽东敢于斗争、敢于胜利的非凡魄力和文韬武略的卓越才能密切相关。从四个"非凡"，即可窥视全貌。

一、非凡之论：
"纸老虎"与真老虎

全民族抗战胜利后，全国人民迫切希望建立一个和平民主新中国。但国民党反动集团依仗美国政府的支持和拥有大量美式装备，不顾全国人民的坚决反对，悍然发动全面内战，扬言只需 3 个月就能消灭共产党领导的军队。

就在国民党军猖狂向我解放区进攻后的一个半月，1946 年 8 月上旬毛泽东会见美国记者斯特朗，提出了"一切反动派都是纸老虎"的著名论断。

他说：

> 看起来，反动派的样子是可怕的，但是实际上并没有什么了不起的力量。从长远的观点看问题，真正强大的力量不是属于反动派，而是属于人民。

这是石破天惊之论，产生了巨大的历史影响。

"一切反动派都是纸老虎"。

谁能说这样的话？只有毛泽东！他这是从本质上看问题。但不少人理解不了这个论断，提出种种质疑，甚至曲解它的本意。

其实，这是毛泽东一贯的辩证思想的升华。他曾多次指出：革命者必须在战略上，在全体上，藐视敌人，敢于同他们斗争，敢于夺取胜利；同时，又要在战术上，在策略上，在每一个局部上，在每一个具体斗争问题上，重视敌人，采取谨慎态度，讲究斗争艺术，根据不同的时间、地点和条件，采取适当的斗争形式，以便一步一步地孤立敌人和消灭敌人。

对于人们的疑问，毛泽东在 1958 年 12 月撰文《关于帝国主义和一切反动派是不是真老虎的问题》作了回答。

他指出：同世界上一切事物无不具有两重性一样，帝国主义和一切反动派也有两重性，它们是真老虎又是纸老虎。一方面，真老虎，吃人，成百万人成千万人地吃。人民斗争事业处在艰难困苦的时代，出现许多弯弯曲曲的道路。中国人民花了 100 多年时间，死了大概几千万人之多，才取得 1949 年的胜利。这不是活老虎、铁老虎、真老虎吗？但是，它们终究转化成了纸老虎、死老虎、豆腐老虎。

"所以，从本质上看，从长期上看，从战略上看，必须如实地把帝国主义和一切反动派，都看成纸老虎。从这点上，建立我们的战略思想。另一方面，它们又是活的铁的真的老虎，它们会吃人的。从这点上，建立我们的策略思想和战术思想。"

什么是非凡之论？帝国主义和一切反动派既是真老虎又是纸老虎，就是非凡之论。能说出非凡之论的人，就是非凡之人。以毛泽东为代表的中国共产党人正是坚持这样的根本战略思想，领导中国革命取得胜利，建立新中国，使中国人民站起来了！

二、非凡之谋：
在转战陕北艰难险恶环境中，
决定打倒蒋介石解放全中国

反动派是不是纸老虎呢？

当年的蒋介石志大才疏。毛泽东领导我党我军用 8 个月就粉碎了其全面进攻。

毛泽东指出：

> 我们现在还处于战略防御阶段，但国共双方力量对比发生了有利于我的变化。我们准备用三到五年，乃至十到十五年打倒蒋介石。但现在不提这个口号，只按这个目标去做。一方面，要藐视他们，非此不足以长自己的志气，灭他人威风；另一方面，又要重视他们，每一仗都要谨慎。

1947 年 2 月，为了摆脱战线过长和兵力不足的被动局面，蒋介石对山东解放区和中共中央所在地延安实行所谓重点进攻。蒋以西北王胡宗南的精锐部队 25 万人围攻陕甘宁边区，而彭德怀统率的西北野战兵团只有 2 万多人，敌我力量对比是十比一，边区形势非常严峻。

为了诱敌深入，党中央决定主动撤离延安，并将中央领导机构一分为三，毛泽东、周恩来、任弼时等留在陕北，主持中共中央和中央军委工作，指挥全国解放战争。非凡之人就有非凡之谋。在当年极其严酷的环境中，毛泽东出了三大奇招。

第一奇招：转战陕北，不过黄河。

当时留在中央身边的工作人员和警卫部队共 800 人。毛泽东要以这 800 人转战陕北，以"蘑菇战术"拖垮胡宗南的 20 多万精兵，粉碎蒋介石的所谓重点进攻。

转战陕北，酷似长征。党中央辗转行军，大迂回运动，在强大敌人紧逼追击下跋山涉水、栉风沐雨；在千山万壑中引领胡军"武装游行"，从一个沟壑转移到另一个沟壑。

有时，两军相距仅四五里路，有时毛泽东率部刚走一会儿，敌军就进了村。这种险情时有发生。因此，作为中央支队负责人的任弼时提出，还是过黄河暂避一下。但毛泽东坚持不同意，说：

> 中央留在陕北，首先我要留在陕北，什么时候打败胡宗南，什么时候过黄河。胡宗南正希望我过黄河哩！我不过黄河，就可以拖住他，既使他不能投入别的战场，减少别的解放区的压力，也能在这里消灭他。

毛泽东不顾个人安危，以坚韧的毅力和高度的镇定转战陕北一年，既稳定了党心，也使蒋介石的图谋泡汤。

第二奇招：经略中原，指挥大军千里跃进。

转战陕北，不仅直接谋划西北战场，而且运筹全国解放战争。毛泽东后来说过，在陕北，我和周恩来、任弼时在两个窑洞里指挥了全国的解放战争。周恩来也说：

> 毛主席是在世界上最小的司令部指挥最大的人民解放战争。

凡是非凡之人都有非凡之谋，不按常规出牌。在全国战场形势发生了有利于我的变化后，毛泽东决定由战略防御转入战略进攻，我解放军主力打到外线去，将战争引向国民党区域。其中一着要棋就是命令刘邓大军不要后方，大踏步南下，千里跃进大别山，在那里打运动战建立根据地。

刘邓大军 12 万人经过艰苦跋涉，于 1947 年 8 月下旬进入大别山区，实行战略展开。随后，陈谢大军、陈粟大军也挺进中原，在战略展开后，到 1948 年 5 月三路大军创建并巩固了拥有 3000 万人口的新中原解放区。

毛泽东对此高度评价：

> 中国人民的革命战争，现在已经达到了一个转折点。这

是蒋介石反革命统治由发展到消灭的转折点，"是一百多年以来帝国主义在中国的统治由发展到消灭的转折点"。

这是我解放军转入战略进攻的重要标志。这样历史性的转变，谁能想到是毛泽东在转战陕北那种极端艰苦而险恶的环境中运筹的。

第三奇招：战场形势好转的曙光刚刚升起，就提出"打倒蒋介石，解放全中国"。

非凡之人的非凡之处就在于，高瞻远瞩，目光如炬，下第一步棋时就在布局后面好几步棋。毛泽东在转战到佳县神泉堡后的1947年10月上旬，在起草的《中国人民解放军宣言》中第一次提出了"打倒蒋介石，解放全中国"的口号。

为了实现这个战略目标，他开始以主要精力研究和制定党在各方面的政策和策略，包括土地改革、工商业、统一战线、整党整军、新区工作等。他告诫全党：

> 现在敌人已经孤立了，但是敌人的孤立不等于我们的胜利。我们如果在政策上犯了错误，还是不能取得胜利的。

因此，他发表了"政策和策略是党的生命，万万不可粗心大意"的至理名言。

西北战场经过五战五捷（青化砭、羊马河、蟠龙镇、沙家店、宜川瓦子街），打败胡宗南精锐之师，陕北形势完全改观。1948 年 3 月下旬，毛泽东东渡黄河，告别他生活和战斗了 13 年的陕北，去谋划夺取全国革命胜利大方略。

三、非凡之战：
在世界上最小的指挥所运筹帷幄世界级大决战

1948 年 5 月下旬，毛泽东到达中央机关所在地西柏坡后，就与其他中央领导同志一起运筹如何打破大别山乃至整个中原的僵持局面。

几经磋商，并不断征求相关高级将领意见，博采众长，最后对战略部署作重大调整。

在中央九月政治局扩大会议上，就若干重大军事政治决策统一党内领导层认识后，对于中国革命最后胜利具有决定意义的大决战全面展开。

这次大决战，是由辽沈、淮海、平津三大战役环环相扣组成的。当时，国民党军的数量仍多于我解放军，装备更强于解放军。南京政府还统治着全国四分之三的地区和三分之二的人口。但以毛泽东为核心的党中央看透这个表面上庞然大物的虚弱实质，觉察出他们在考虑战略撤退，正举棋不定。

毛泽东抓住这个稍纵即逝的关键时刻，决定发动战略大决战。

大决战首先由辽沈战役拉开帷幕。这是因为东北战场已成为全国战局发展的关键，战场形势非常有利于我解放军。

国民党军 55 万人被分割在长春、沈阳和锦州三个孤立地区。我东北部队已超过百万，装备通过缴获大有改善。毛泽东提出"封闭蒋军在东北加以各个歼灭"，"关门打狗"先克锦州的作战方针。我军只用 31 个小时即攻克锦州。

被俘的国民党军镇守锦州最高指挥官坦承：

> 锦州好比一条扁担，一头挑东北，一头挑华北。这一着棋，非雄才大略之人是下不出的。

随后，对长春和沈阳不战而胜。辽沈决战历时 52 天，歼敌 47 万多人，给国民党致命一击，加速了解放战争胜利进程。

大决战的关键之战是淮海战役。双方力量对比，我弱于敌。国民党军总兵力达 80 多万，我华野、中野总共兵力只有 60 多万人，不仅人少，而且装备和交通运输能力也不如敌。在这种不利条件下展开的决战更具传奇性。

一是决战规模和部署有个从小淮海到大淮海的演变过程。毛泽东称赞说：

> 你们打得好，好比一锅夹生饭，还没有完全煮熟，硬是

被你们一口一口地吃下去了。

二是开创了两支野战军协同作战的成功范例。毛泽东说：

两个野战军联合在一起，就不是增加一倍力量，而是增加几倍力量。

三是广大人民群众支前出色。陈毅有句名言：

华东战场上的国民党反动派是老百姓用独轮车把它推倒的。

这一决战历时 66 天，歼敌 55 万多人。

斯大林从新华社电讯中得知消息后说：

淮海战役打得好，以 60 万的兵力打败国民党军 80 万的兵力，是个奇迹。这是中国革命战争史上的奇迹，在世界战争史上也是少见的。

大决战的压轴戏是平津战役。平津战役是毛泽东将军事斗争与政治斗争巧妙结合的杰作。

在军事斗争上将"兵贵神速"和"出敌不意"的原则运用到极

致，对傅作义部实行"围而不打"和"隔而不围"，然后选择时机歼灭主力，使其成"笼中之鸟"欲逃无路，展现了毛泽东军事指挥的高度艺术。

在政治斗争方面，充分利用傅蒋矛盾，陈明利害，耐心工作，晓以大义，使傅作义在和平解放北平、完整保存文化古都上立了大功。并且创造了解决国民党军队的三种方式，即天津方式（用战争解决拒不投降的敌人）、北平方式（迫使敌军接受和平改编，是不流血的斗争方式）、绥远方式（基本原封不动地保留起义部队，以后择机改编）。

平津战役并用这三种方式，以我军伤亡较小、破坏较少的代价取得胜利。这次战役历时 64 天，歼敌 52 万余人。

周恩来回顾这段历史说：

> 西柏坡是毛主席和党中央进驻北平，解放全中国的最后一个农村指挥所，我们这个指挥所可能是世界上最小的指挥所。我们一不发人，二不发枪，三不发粮，只是天天发电报，就把国民党打败了。

大决战后，全国革命胜利指日可待。国民党当局最终拒绝和平谈判条件，毛泽东发表将革命进行到底的训令，百万雄师过大江，秋风扫落叶般地歼灭国民党残余部队。新中国于 1949 年 10 月 1 日成立，中国人民从此站起来了。

四、非凡之举：
抗美援朝，"小米加步枪"应战高度现代化武装

新中国成立宣告中国人民站起来了，但站起来后是否可能再倒下去呢？这种可能性是存在的。

新中国成立后仅九个月，朝鲜战争就爆发了，以美国为首的联合国军迅速北进，战火烧到鸭绿江边，国家安全受到严重威胁。这就出现了我国是否应朝鲜政府请求出兵援助，"抗美援朝，保家卫国"的问题。

我们国家那时的情况是：经济恢复刚刚开始，物资极度匮乏，财政状况甚为困难，人民政权没有完全巩固，人民解放军武器装备相当落后，海、空军尚处于初创阶段。

面对的美国是世界上经济实力最雄厚、军事力量最强大的国家。就综合国力言，1950 年美国的工农业总产值是 2800 亿美元，而我国仅有 100 亿美元。

论军事装备，美国拥有包括原子弹在内的大量先进武器和现代化的后勤保障，而我军基本还处于"小米加步枪"水平。

敌我力量如此悬殊，出兵参战，能不能打赢？国内经济建设还能否进行？这些是不能不考虑的重大问题。

军情紧急，压力巨大，决策异常艰难。胡乔木说：

我在毛主席身边工作20多年，记得有两件事是他很难下决心的，一件是1946年我们党准备同国民党彻底决裂，进行自卫战争；再就是派志愿军入朝作战，美国已经打到我们的国境线上了，不打怎么办？党中央多次讨论，在反复权衡利弊之后，毅然决定派遣中国人民志愿军参战，并做好应付最坏局面的准备。

彭德怀在接受挂帅出征时表示：

出兵援朝是必要的，打烂了，等于解放战争晚胜利几年。

后来，他谈到毛主席这个决策时还说：

这个决心不容易下，不仅要有非凡的胆略和魄力，最主要的是要有对复杂事物的卓越洞察力和判断力。历史证明了毛主席的英明正确！

我军入朝作战，经过两年零九个月的极其艰苦的军事政治较量，克服种种意想不到的艰难困苦，粉碎了以美国为首的"联合国军"的猖狂进攻，根本扭转朝鲜战局，使得不可一世的美国侵略者接受谈判实现停战。

志愿军经受了现代战争的洗礼，既打出了人民军队的军威，也打出了新中国的国威。此后，美国这个世界头号强国再也不敢轻易欺侮和侵犯中国，中国人民真正扬眉吐气地站起来了。

"没有共产党就没有新中国"，这是历史证明的真理。在某种意义上也可以说：没有毛泽东就没有站起来的新中国。诚如邓小平指出的：

> 如果没有毛泽东同志的卓越领导……我们党就还在黑暗中苦斗。所以说没有毛主席就没有新中国，这丝毫不是什么夸张。

（作者系原中央党史研究室副主任；
原载 2019 年 5 月 27 日《北京日报》）

换了人间：新中国的最初岁月

金冲及

习近平同志在庆祝改革开放 40 周年大会上的重要讲话中指出："建立中国共产党、成立中华人民共和国、推进改革开放和中国特色社会主义事业，是五四运动以来我国发生的三大历史性事件，是近代以来实现中华民族伟大复兴的三大里程碑。"里程碑，本意是指漫长旅途进入一个新阶段的标志，人们通常用它来比喻历史旅程来到一个新的出发点。为什么中华人民共和国的成立是近代以来实现中华民族伟大复兴的"三大里程碑"之一？因为从这时起，中国的命运发生了根本变化，可谓"换了人间"。

回顾新中国的最初岁月，有助于弄清楚我们从哪里来、往哪里去，弄清楚艰苦卓绝是什么、是怎么来的，从而不断增强守初心、担使命的思想自觉和行动自觉。

中国人从此站立起来了

中国近代的民族苦难实在是太深重了。

鸦片战争后，中国的国家主权和领土完整不断遭受外来的破坏。一系列的侵略战争、一系列的不平等条约强加到中国人头上。中国人被趾高气扬的西方列强看作"劣等民族"，视同可以任意宰割的羔羊，被瓜分的阴影从此一直笼罩在中国人心头。维新志士谭嗣同写道："四万万人齐下泪，天涯何处是神州？"这是多么痛心的话语！但中华民族的危机一直在加深。进入 20 世纪时，"八国联军"占领北京，实行分区管理，时间长达一年之久。接着，日本军国主义者公然把中国的东北称为他们的"生命线"，还想独吞中国。《义勇军进行曲》悲愤地唱出"中华民族到了最危险的时候"，表达了无数中国人深埋心底的呐喊。新中国把它定为国歌，就是要子子孙孙永远不忘这段苦难经历，发愤图强。

中华民族是一个有骨气的民族，从来没有停息过顽强的抗争。在中国共产党领导下，中国人民付出巨大牺牲，终于取得了革命胜利。

新中国成立前夕，毛泽东同志在中国人民政治协商会议第一届全体会议上说了一段令人永远难忘的话："我们有一个共同的感觉，这就是我们的工作将写在人类的历史上，它将表明：占人类总数四分之一的中国人从此站立起来了。""我们的民族将从此列入爱好和平自由的世界各民族的大家庭，以勇敢而勤劳的姿态工作着，创造自己的文明和幸福，同时也促进世界的和平和自由。我们的民族将再也不是一个被人侮辱的民族了，我们已经站起来了。"参加会议的孙起孟老人回忆："当场掌声经久不息。""我看见邻座有几位年事较高的委员一面流着热泪，一面使劲地拍掌，我自己也是这样。"一百多年来，祖国受尽外人的蔑视和蹂躏，痛苦和悲愤长期埋存在心头。一旦看到中国人终于重新站立起来，那种兴奋和激动，那种刻骨铭心的翻身感，也许是长期处于幸福生活中的后来者很难真切领会到的。

从新中国成立时起，谁都别想指望中国会在外人的压力和威胁面前低头。毛泽东同志在开国大典上庄严地宣布："本政府为代表中华人民共和国全国人民的唯一合法政府。凡愿遵守平等、互利及互相尊重领土主权等项原则的任何外国政府，本政府均愿与之建立外交关系。"周恩来同志在外交部成立大会上说："中国一百年来的外交史是一部屈辱的外交史。我们不学他们。""要有独立的精神，要争取主动，没有畏惧，要有信心。"

中国的事情必须由中国人民自己作主张，自己来处理，决不容许帝国主义国家对中国内政再有一丝一毫的干涉，决不容许在根本原则问题上有什么妥协和退让。这对新中国此后的发展和进步有着深远的影响。有了这一条，中国人民才能在自己的国土上扬眉吐气，根据自身利益和实际情况，独立地探索并建立一个新国家和新社会，走上中国特色社会主义道路。

新中国成立的第二年起，中国经历了抗美援朝战争，经过同友军一起三年奋战，终于把这场战争停止下来。美军总司令克拉克说："我获得了一个不值得羡慕的名声：我是美国历史上第一个在没有取得胜利的停战协定上签字的司令官。"这场战争影响深远，使国际上许多人重新认识了中国，看到已站立起来的中国蕴藏着人们原来没有料想到的无穷无尽的巨大潜力，也看到中国人说话是算数的，是不好惹的。它使一些原来狂妄不可一世的人不敢轻易尝试以武力来对付中国，从而保障中国的经济建设和社会改革得到一个长时间相对稳定的和平环境。对新中国的发展来说，这是极重要的外部条件。时间隔得越久，对此看得越清楚。

人民政权为人民

新中国成立后，人与人之间的关系完全改变，"全心全意为人民服务"成为最响亮的格言，这是中国共产党人的根本宗旨。人们都以"同志"相称。

人民当家做主人，一定要以制度为保障，其中最重要的莫过于政权问题。新中国成立前夕，中国共产党领导制订《中国人民政治协商会议共同纲领》，对新中国的国体作出明确规定：实行工人阶级领导的、以工农联盟为基础的、团结各民主阶级和国内各民族的人民民主专政。在确定国名时，突出了"人民"这个名称，明确"中华人民共和国的国家政权属于人民"。同时规定，"人民行使国家政权的机关为各级人民代表大会和各级人民政府"。这时，解放战争尚在进行，土地改革尚未完成，实行人民代表大会制度的条件还不成熟。中共中央发出三万以上人口的城市各县均应召开各界人民代表会议的指示。费孝通教授在《我参加了北平各界代表会议》中写道："三十多年来我所追求的梦想的，在这六天里得到了。这是什么呢？是民主。"我在 1950 年至 1952 年当过上海市各界人民代表会议的青年界代表，亲眼看到不少普通的工人、农民在大会上发言。没有什么稿子，畅所欲言，陈毅市长坐在下面听。代表们还投票选举了市长。这种情景在旧中国没有见过。

人民政府成立后，在城市，没收了官僚资本主义企业，使社会主义性质的国营企业在国民经济中开始发挥主导作用，并且进行以废除封建把头制度、推进管理民主化为中心的企业民主改革，使工人阶级成为工业企业的主人。更重要的是进行土地改革。旧中国是一个农民占绝大多数的国家。1950 年《土地改革法》颁布，在广大新解放区全面实行土地制度改革，彻底消灭已延续几千年的封建土地所有制，使全国 3 亿无地少地的农民无偿获得约 7 亿亩土地和大量的生产资料、生活资料。广大农民真正翻了身，做了自己土地的主人。这就大大解放了农村生产力，发展了农业生产，并为新中国的工业化扫除障碍。

党和政府非常关心民众生活，急人民之所急，把人民最关心的急迫问题放在工作极重要的地位。那时，在人民群众中呼声最强烈的集中在几个问题上：

一是物价又出现飞涨。当人们还沉浸在开国大典的欢乐中时，只隔了半个月，从 10 月 15 日开始，华北由粮食带头，上海由纱布带头，物价开始大幅上涨。纱布、粮食的价格在一个月内都上涨两倍以上，有的商品上涨到五六倍。抗战后期以来，物价是民众特别敏感的问题，人心开始浮动。这是关系人民政权能不能站住脚跟的大问题。政务院在陈云同志统一调度下，采取有效举措把物价基本平抑下来。民众在经历了多年恶性通货膨胀的痛苦生活后，对一举平抑物价欢呼雀跃的心情，也许是今天人们难以想象的。毛泽东同志称赞道：平抑物价，统一财经，其意义"不下于淮海战役"。

二是在城市，救济失业者成为民众极为关心的问题。旧中国留下了十分庞大的失业大军。新中国成立初期，在经济改组过程中一部分不适应社会需要的工厂倒闭，更增加了失业人数。上海 1.3 万多家私营工厂中，开工户数只占 1/4，失业者的生活极为困难。政务会议两次讨论这个问题。毛泽东同志提出，在建立起人民政权、根本解决土地问题以后，党的中心任务，就是"动员一切力量恢复和发展生产事业"，这是一切工作的重点所在。人民政府采取坚决措施："对于两三个月以上的长期救济，应用以工代赈（如修筑公共工程等）为主要方法。"还提出了生产自救、还乡生产、发放救济金、转业训练、介绍就业等多种办法。到 1950 年 9 月底，全国失业工人和失业知识分子得到救济的已达半数以上。

三是自然灾害十分严重，当时绝大多数是水灾。1949年，全国被淹地区12156万亩，受灾民众4000万人。第二年，皖北连续7天大雨后淮河又大决口，津浦铁路两侧一片汪洋，被淹耕地3100万亩，受灾民众995万人，许多人挤在一块块高地甚至爬到树上求生。毛泽东同志在看到受灾民众爬到树上被毒蛇咬死的报告后，流下眼泪，并且写下"一定要把淮河修好"的题词。周恩来同志在政务会议上说："水灾是非治不可的，如果土地不涝就旱，那就是土改了也没有用。"这在当时是牵动全局的大动作。治理淮河工作全面展开后，很快就取得成效。

在旧社会，妇女遭受的压迫特别深重。新中国颁布的第一部法律就是婚姻法，规定"一夫一妻""男女权利平等"，废除包办强迫婚姻，禁止纳妾、童养媳、干涉寡妇婚姻自由等陋习。党和政府还以极大力量荡涤旧社会遗留的污泥浊水：废除娼妓制度；禁止吸食鸦片；消除地痞流氓和黑社会帮会；等等。这些成就是有目共睹的。

党和政府的一切工作都是为了人民，又依靠人民来共同完成。人民群众从亲身经历中深深感到：中国共产党领导的政府确确实实是自己的政府。这种感觉是以前不曾有过的。

人民真切地感到自己已经抬起头来，是国家的主人，精神面貌随之发生根本变化，产生了万众一心、无坚不摧的凝聚力。这是新中国诞生后方方面面都出现生机勃勃新局面的根本动力所在。

实现国家统一和人民团结

旧中国是一个幅员辽阔、各地区情况有很大区别、小生产占着绝对优势的国家，老百姓曾被人讥讽为"一盘散沙"。近代以来，西方列强纷纷在中国划分并争夺势力范围，在国内更形成军阀割据和混战的混乱局面。邓小平同志曾指出："就是国民党统治时期，国家也没有真正统一过，像对山西、两广、四川等地，都不能算真正统一。"在地方上，还有大小不等的种种恶势力各霸一方，甚至拥兵自重、为非作歹。在全国，根本谈不上有什么统一意志、统一法令、统一行动可言，自然更谈不上民族复兴和人民幸福。

新中国的成立，在人们面前出现的是前所未有的人民大团结的全新局面。其关键在于：有中国共产党这样一个能够正确指引前进方向、深得民心、坚强的党成为团结全国各族人民的核心力量。党的路线方针政策可以一直贯彻到全国各个角落，不允许各自为政，不允许闹无原则纠纷，这样才能万众一心地办成一件又一件大事，有了错误也比较能够依靠组织的力量加以纠正。这是中国几千年历史上从来不曾有过的。

新中国成立当天，毛泽东同志受政协全国委员会委托，起草《中国人民政治协商会议第一届全体会议宣言》，写道："我们应当将全中国绝大多数人组织在政治、军事、经济、文化及其他各种组织里，克服旧中国散漫无组织的状态，用伟大的人民群众的集体力量，拥护人民政府和人民解放军，建设独立民主和平统一富强的新中国。"

中央人民政府成立时，将全国划分为华北、东北、西北、华东、中南、西南六个大行政区。周恩来同志在政务会议上作了说明：大行政区是一种过渡性的体制，"这样的因地制宜不但不妨碍统一，倒正是为进一步的统一创造条件。"讨论时也有人担心：大行政区成为一级后，是不是会生了根，不容易改变？周恩来同志回答：在新社会中是不成问题的，我们有信心解决这些问题。果然，两年多后各大行政区的政权机构就撤销了。这确实只有在中国共产党领导的新中国，才能如此顺利地做到。

还有一点十分重要。中国有 56 个民族，是一个多民族国家。经过千百年经济文化的密切交流和相互影响，早已结成你中有我、我中有你、谁也离不开谁的亲密关系，但彼此间也存在一些错综复杂的矛盾。周恩来同志指出：中国是多民族的国家，我们主张民族自治，但一定要防止帝国主义利用民族问题来破坏中国的统一。"为了这一点，我们国家的名称，叫中华人民共和国，而不叫联邦。"由此，确定了新中国在统一的国家内实行民族区域自治制度。这是一个关系重大的规定，既重视并保持少数民族的自治权利，又富有远见地警惕并防止帝国主义借民族问题分裂中国的阴谋。看看世界上有些大国留下的历史教训，就会深深体会到新中国起步时在民族问题上这个果断决策，有着多么重大而深远的意义。

结　语

慎初才能及远，这是无数实践证明了的真理。70 年过去了，回顾新中国的最初岁月，我们可以更加清晰地看到：中国这场空前未有的社会大变革，是怎样在中国共产党领导下稳步实现的。新中国诞生时面对的最根本课题就是民族独立、人民解放、国家统一。如果这些问题或者它们中任何一个没有得到正确解决，中国以后的发展也许会出现另一种状况，至少会遇到更多更大的曲折。

回首往昔，还会想到：解放战争胜利和新中国诞生来得那么快，超过人们的预期。事情千头万绪，要面对许多过去从来没有遇到过的问题。局势又发展得如此迅速，不允许你从容地做好所有准备再动手。怎样建设一个新社会和新国家，许多难题都要很快地作出决断，采取强有力措施，既着眼当前，使民众生活和社会环境得到切切实实的改善；又放眼长远，有条不紊地为未来走向社会主义现代化作出通盘的规划和安排。

想到这些，我们对毛泽东同志等新中国的缔造者肃然起敬，并寄予深切的怀念。同时，又对今天我们取得的伟大成就感到自豪。

（作者系原中央文献研究室常务副主任；

原载 2019 年 9 月 4 日《人民日报》）

社会主义经济建设规律的艰辛探索

高尚全

今年是中华人民共和国成立 70 周年。70 年筚路蓝缕，我国从一个积贫积弱的农业国发展成为制造业门类齐全、经济发展欣欣向荣的世界大国，取得了举世瞩目的发展成就。伟大发展成就的背后，是全党全国各族人民的共同奋斗，是我们党对社会主义经济建设规律认识的不断深化。这里从三个方面进行简要总结。

不断深化对社会主义生产目的的认识

对社会主义生产目的的认识，集中体现在如何处理经济建设和人民生活的关系上。1953 年，我国开始实施发展国民经济的第一个五年计划。党中央提出，党在过渡时期总路线和总任务是要在一个相当长的时期内，逐步实现国家的社会主义工业化，并逐步实现国家对农业、对手工业和对资本主义工商业的社会主义改造。1956年，党的八大通过的党章在总纲中指明："党的一切工作的根本目的，是最大限度地满足人民的物质生活和文化生活的需要"，这就进一步明确了社会主义生产目的。上世纪 50 年代，国家建设取得显著成就。但是后来，由于在指导思想上出现"左"的错误，加上我们对社会主义建设规律认识不够深入，大规模经济建设未能顺利推进下去，对社会主义生产目的也出现了一些错误认识。1978 年，邓小平同志在北方考察调研时说，"我们是社会主义国家，社会主义制度优越性的根本表现，就是能够允许社会生产力以旧社会所没有的速度迅速发展，使人民不断增长的物质文化生活需要能够逐步得到满足"。邓小平同志的讲话纠正了很多人对社会主义生产目的的错误认识，全党对什么是社会主义有了更深刻的领悟。也正是因为正确认识了社会主义生产目的，虽然我们在改革开放之初对如何发展社会主义市场经济既没有历史经验，也没有外部经验借鉴，但通过对"三个有利于"标准的把握，我们成功建立并不断完善社会主义市场经济体制，人民生活发生了翻天覆地的变化。

党的十八大以来，以习近平同志为核心的党中央进一步深化了对社会主义生产目的的认识。2012 年，习近平同志在十八届中共中央政治局常委同中外记者见面时指出：人民对美好生活的向往，就是我们的奋斗目标。在 2015 年 10 月召开的中共中央政治局会议上，习近平同志强调，必须坚持以人民为中心的发展思想，把增进人民福祉、促进人的全面发展作为发展的出发点和落脚点。以人民为中心的发展思想，集中体现了我们党对社会主义生产目的的新认识。2016年，习近平同志在省部级主要领导干部学习贯彻党的十八届五中全会精神专题研讨班上的重要讲话中进一步指出："从政治经济学的角度看，供给侧结构性改革的根本，是使我国供给能力更好满足广大人民日益增长、不断升级和个性化的物质文化和生态环境需要，从而实现社会主义生产目的。"习近平同志的重要讲话，更深入更具体地阐明了社会主义生产目的，充分体现了中国共产党人为中国人民谋幸福、为中华民族谋复兴的初心和使命。

新中国成立70年来的经济建设实践启示我们，正确认识社会主义生产目的是做好经济工作的前提。正确认识社会主义生产目的，着眼于大力改善人民生活，经济就能发展得比较好。

不断深化对社会主要矛盾的认识

对社会主要矛盾的判断，是制定党和国家大政方针、长远战略的重要依据。透过纷繁复杂的社会现象揭示社会主要矛盾，是探索经济建设规律十分重要的方面。只有正确分析和把握社会发展的阶段性特征，正确认识社会主要矛盾，才能更好推动经济发展。

1956年，党的八大指出，国内的主要矛盾，已经是人民对于建立先进的工业国的要求同落后的农业国的现实之间的矛盾，已经是人民对于经济文化迅速发展的需要同当前经济文化不能满足人民需要的状况之间的矛盾。这是一个正确的判断。但在后续的建设实践中，由于没有坚持这一正确判断，造成国民经济比例严重失调，人民物质文化生活水平提高不快。党的十一届三中全会以后，我们党运用马克思主义理论对我国社会主要矛盾进行科学分析。党的十一届六中全会通过的《关于建国以来党的若干历史问题的决议》指出："在社会主义改造基本完成以后，我国所要解决的主要矛盾，是人民日益增长的物质文化需要同落后的社会生产之间的矛盾。党和国家工作的重点必须转移到以经济建设为中心的社会主义现代化建设上来，大大发展社会生产力，并在这个基础上逐步改善人民的物质文化生活。"对社会主要矛盾的科学认识和判断，为把党和国家工作中心转移到经济建设上来、实行改革开放夯实了思想认识基础，为改革开放以来我国经济快速发展提供了思想认识前提。

党的十八大以来，中国特色社会主义进入新时代，我国经济社会发展呈现一系列新的阶段性特征，社会主要矛盾发生变化。以习近平同志为核心的党中央深刻认识和把握这一关系全局的历史性变化，作出"我国社会主要矛盾已经转化为人民日益增长的美好生活需要和不平衡不充分的发展之间的矛盾"的重大政治论断。同时强调，我国社会主要矛盾的变化，没有改变我们对我国社会主义所处历史阶段的判断，我国仍处于并将长期处于社会主义初级阶段的基本国情没有变，我国是世界最大发展中国家的国际地位没有变。对我国社会主要矛盾变化作出的这一重大政治论断，正确反映了我国社会发展的客观实际，为制定党和国家大政方针、长远战略提供了重要依据，指明了经济建设的努力方向。我们要在继续推动发展的基础上，着力解决好发展不平衡不充分问题，大力提升发展质量和效益，更好满足人民在经济、政治、文化、社会、生态等方面日益增长的需要，更好推动人的全面发展、社会全面进步。

新中国成立 70 年来的经济建设实践启示我们，只有正确认识社会主要矛盾，紧紧围绕解决社会主要矛盾推进社会主义建设，国运才能昌盛，经济才能发展，社会主义才能发挥其固有的优越性。

不断深化对社会主义市场经济的认识

新中国成立初期，我们缺乏社会主义经济建设的经验。学习当时苏联的发展模式，努力使整个国家从农业国向工业国转变是现实的选择。但是，苏联高度集中的计划经济模式具有较为严重的弊端，这些弊端在我国社会主义经济建设中不断暴露出来，成为国民经济发展的桎梏。从党的十一届三中全会开始，市场的作用日益得到重视。从党的十二届三中全会提出"社会主义经济是公有制基础上的有计划的商品经济"，到党的十三大提出"社会主义有计划商品经济的体制，应该是计划与市场内在统一的体制"，市场的作用一步步得到加强。上世纪 90 年代初，邓小平同志在南方谈话中明确指出，"计划多一点还是市场多一点，不是社会主义与资本主义的本质区别。计划经济不等于社会主义，资本主义也有计划。市场经济不等于资本主义，社会主义也有市场。计划和市场都是经济手段。"通过对社会主义经济建设经验教训的认真总结，1992 年，党的十四大明确提出我国经济体制改革的目标是建立社会主义市场经济体制，提出要使市场在社会主义国家宏观调控下对资源配置起基础性作用。这一重大理论突破，对我国改革开放和经济社会发展起到了极为重要的作用。随着我们党对社会主义市场经济认识的不断深化，党的十六大提出"在更大程度上发挥市场在资源配置中的基础性作用"，党的十七大提出"从制度上更好发挥市场在资源配置中的基础性作用"，党的十八大提出"更大程度更广范围发挥市场在资源配置中的基础性作用"，我国社会主义市场经济体制加速建立、不断完善，社会生产力得到解放和快速发展，创造了举世瞩目的中国奇迹。

社会主义市场经济体制建立并运行一段时间之后，一些矛盾和问题逐渐暴露，进一步完善社会主义市场经济体制成为一项重大的理论和实践课题。党的十八届三中全会通过的《中共中央关于全面深化改革若干重大问题的决定》历史性地提出，"使市场在资源配置中起决定性作用和更好发挥政府作用"。这一重大理论观点的提出，有利于在全党全社会树立关于政府和市场关系的正确观念，有利于转变经济发展方式，有利于转变政府职能，有利于抑制消极腐败现象。为了切实发挥市场在资源配置中的决定性作用，更好发挥政府作用，以习近平同志为核心的党中央坚定不移贯彻新发展理念，深入推进供给侧结构性改革，"放管服"改革力度不断加大，市场准入负面清单制度全面实行，我国社会主义市场经济体制日益完善，经济发展质量和效益不断提高。我国经济总量从 2012 年的 54 万亿元增长到 2018 年的 90 万亿元，服务业对经济增长的贡献率已经接近 60%，单位国内生产总值能耗大幅下降，资源配置效率显著提升，在高质量发展上不断取得新进展，正在创造新的发展奇迹。

新中国成立 70 年来的经济建设实践启示我们，市场决定资源配置是市场经济的一般规律，完善社会主义市场经济体制必须遵循这一规律；市场在资源配置中起决定性作用，并不是起全部作用，在社会主义市场经济体制中，市场作用和政府作用是相辅相成、相互促进、互为补充的。处理好政府和市场关系，把"看不见的手"和"看得见的手"的作用都发挥好，极大激发广大人民群众的创造性，极大解放和发展社会生产力，极大增强社会发展活力，这是中国特色社会主义制度的一大优势。

（作者系中国经济体制改革研究会原会长；

原载 2019 年 8 月 22 日《人民日报》）

中国70年发展是理论创新的"金矿"

——谈现代经济学理论自主创新的必要和方向

林毅夫

中国过去70年的经济发展和国际的主流思路

新中国成立70年来，我国经济发展从大的方面来讲，可分成两个阶段：一是，从1949年到1978年，当时我们推行的是计划经济体制；二是，从1978年年底到现在的改革开放，建立了中国特色社会主义市场经济体制。

在计划经济时代，我们学的理论是马克思主义的原著和苏联的社会主义政治经济学，我们参考的经验主要是苏联的经验。这种发展方式可以让一个发展中国家在一穷二白的基础上迅速建立起一个现代化的工业体系。尤其，我国在上世纪60年代的时候就可以试爆原子弹，70 年代卫星就可以上天，这是一个非常了不起的成绩。二战以后国际主流宏观经济学理论——凯恩斯主义和发展经济学理论——结构主义，也主张由国家主导来建立进口替代的现代工业体系，但是，和我国一样，经济发展的总体绩效不高，人民的收入水平低，生活水平长期得不到改善。

我国于 1978 年年底在亚洲社会主义国家当中率先进行从计划经济体系向市场经济体系的转型。其他社会主义国家，包括苏联、东欧则随后在八九十年代开始转型，其他非社会主义的拉丁美洲、南亚、非洲的发展中国家也在八九十年代从政府主导的进口替代经济向开放的市场经济转型。

上世纪 80 年代国际上的主流思潮是新自由主义，认为社会主义国家以及其他发展中国家经济发展不好是因为政府对市场干预太多，造成各种扭曲，经济发展不好是由于政府失灵造成的。当时的主流思潮认为要向市场经济体系过渡就必须建立起市场经济所必要的制度安排。市场经济体系需要哪些制度安排？市场的好处是能够有效配置资源。怎么样实现资源的有效配置？答案是价格必须由市场决定。在社会主义国家，经济转型前各种价格主要由政府决定，因此，主流经济学家开出的药方有三：第一，这些国家必须价格市场化，由市场的供给跟需求来决定价格。第二，要让市场价格对资源配置起决定性作用，所有的国有企业都必须私有化。第三，财政必须平衡，不能出现赤字，避免财政赤字货币化，价格才能稳定，如果出现了高通货膨胀，生产和消费行为会被扭曲。

当时的新自由主义思潮形成的"华盛顿共识"主张市场化、私有化、宏观稳定化这三化的改革必须同时到位才会有效果。如果市场放开了，产权不改革，结果会更糟。或者市场放开了，产权改革了，但宏观上面不稳定，结果也会更糟。

我国向社会主义市场经济转型的经验和反思

我们从 1978 年开始的改革转型，没有按照当时国际上主流的看法。我们是以解放思想、实事求是的方式推行了渐进式双轨制改革。在转型时，给原来优先发展的国有企业提供了转型期的保护补贴，放开了一些过去被抑制的劳动力密集型产业的准入，并积极因势利导其发展。开始的时候我国基础设施很差、营商环境很不好，就设立了经济特区、加工出口区等，在园区里改善基础设施，实行一站式服务，创造局部有利条件来克服基础设施和营商环境的瓶颈限制。

上世纪八九十年代时，国际上除了由计划经济向市场经济转型必须以"休克疗法"才能成功的"共识"之外，还有一个所谓的"共识"，就是像中国推行的那种渐进双轨转型（同时有市场又有政府在配置资源）是最糟糕的制度安排，因为政府的计划价格低，市场的价格高，就会产生套利的空间，衍生腐败，并且导致收入差距扩大。这些现象在我国转型后确实出现，80 年代最时兴的一个行业叫做"倒爷","倒爷"为了得到这些低价的计划物资，就通过各种关系去寻租，这样就产生了腐败，同时，带来了收入分配的问题。

80 年代主流学界反对中国渐进双轨改革的主要原因就是这些确实存在的问题，所以，只要我国经济发展的速度一放缓，中国崩溃论的声音就会涌现。但是，我国过去 40 年不仅经济发展快速，而且是同期世界上唯一没有出现经济危机的国家。绝大多数的其他社会主义国家和发展中国家则根据主流的"华盛顿共识"来转型，结果则是经济崩溃、停滞、危机不断。而且，世界银行和欧洲复兴开发银行，在苏联、东欧和拉丁美洲国家有大量的实证研究证明，像腐败、贫富差距等因转型带来的问题，他们也有并且普遍比我国严重。而且，在推行市场化、私有化、宏观稳定化以后，这些国家的平均增长率比转型之前的六七十年代还慢，危机发生的频率比原来还高。

主流经济学理论为何在帮助发展中国家改造世界上苍白无力

这里有一个问题值得我国的经济学界思考，理论是为了帮助我们认识世界改造世界，为什么主流经济学理论在认识发展中、转型中国家的问题时很有力，但是，发展中国家按照这些理论来制定发展和转型政策时却屡屡失败？我认为最主要的原因是这些理论来自于发达国家，以发达国家为参照系，忽视了发展中国家跟发达国家的差异是条件不同的内生结果。例如，发展中国家的产业通常是劳动力密集型或者是自然资源密集型，生产力水平低。发达国家的产业集中在资本密集、技术先进的产业，生产力水平高。但是，这种产业结构的差异性是内生决定的。发达国家发展资本很密集、技术很先进的产业，是因为发达国家从工业革命以后经过两三百年的资本积累，资本相对丰富，因此，在这种资本密集型的产业上面有比较优势。发展中国家的共同特性是什么，就是资本极端短缺。因此，在资本密集型产业上面没有比较优势，勉强去发展这样的产业，企业在开放竞争的市场中没有自生能力，就只能靠政府的保护补贴才能生存。

主流的转型理论由于忽视了这种扭曲的内生性，理论模型的逻辑很严谨，根据理论所做的建议很清楚。可是，按这些建议把各种保护补贴取消掉，企业会大量破产，造成社会、政治不稳，同时，有些企业与国防安全有关，即使私有化以后也只能继续给予补贴，以致转型的结果比原来更糟。我国推行的渐进双轨的转型，确实如主流理论所预测出现了"倒爷"、寻租腐败和收入分配恶化的问题。但是，由于对原来没有比较优势缺乏自生能力的企业继续给予转型期的保护补贴，所以，维持了稳定，对于符合比较优势的劳动密集型产业放开准入，并且政府还积极因势利导，设立工业园、加工出口区等帮助企业克服软硬基础设施不足，所以，经济取得快速发展。这个快速发展带来了资本的快速积累，逐渐地原来没有比较优势的产业形成了比较优势，保护补贴的性质就从原来的雪中送炭变成锦上添花。锦上添花对维持稳定没帮助，却会导致寻租腐败和收入分配不均等社会政治问题，所以，与时俱进，2013 年党的十八届三中全会的时候提出全面深化改革，要让市场在资源配置上起决定性作用，它的前提条件就是必须把双轨时期遗留下来的保护都取消掉。

不辜负这个时代给予我们的机遇，对理论发展作出创新性贡献

总之，现在的主流经济学一般把发达国家的结构作为外生的给定的最优结构，导致的结果就是上世纪五六十年代结构主义，把发达国家的产业作为要发展的目标。八九十年代转型的时候，把发达国家市场经济制度结构当作最优结构，忽视了扭曲的内生性，直接把转型的目标作为转型的手段，导致的结果就是出发点非常好，效果非常差。以主流的现代经济学理论作为经济运行方方面面的指导原则，也同样因为忽视了发展中国家和发达国家结构特性的差异而不适用。现代经济学的理论要在发展中国家发挥"认识世界、改造世界"的作用，就要求在理论中反映出发展中国家和发达国家结构差异和扭曲的内生性，并了解这些内生性对经济发展、转型和运行的影响。

新的理论来自于新的现象，中国过去 70 年的发展是理论创新的"金矿"。比较而言，前 30 年中国跟其他社会主义国家或其他发展中国家没有多大的差异，走的道路也是当时的主流道路，但是过去 40 年的改革开放走自己的道路，取得了人类经济史上不曾有过的奇迹。奇迹就是不能用现有的理论解释的现象，如果用现有的理论来看中国，到处是问题，因此在国际学界舆论界不时出现中国崩溃论，但是实际上中国不仅没有崩溃，还一直维持着稳定、快速发展。改革开放以来的发展奇迹不能用现有的理论解释，但是，任何现象背后都有道理，所以，习近平总书记在 2016 年的哲学社会科学工作座谈会上说，"这是一个需要理论而且一定能够产生理论的时代，这是一个需要思想而且一定能够产生思想的时代。我们不能辜负了这个时代。"

以中国的改革与发展经验作为理论创新的来源，最重要的是必须了解中国作为一个发展中国家，跟发达国家结构的差异性是什么因素造成的。我们作为一个转型中国家有很多扭曲，这些扭曲背后的原因是什么？也就是这些差异和扭曲都是有原因的，都是内生的。要成功改变一个内生现象，就必须先改变这些内生现象背后的决定因素，所以，只有把握内生性的理论才能帮助人们达到"认识世界、改造世界"两个目标的统一。这也是这些年我推动新结构经济学，倡导以现代经济学的方法来研究一个经济体的结构和结构变迁的决定因素和影响，推动来自于我国的自主理论创新所想达到的目标。在总结中国的发展和转型经验以进行理论创新时，我国的经济学家有"近水楼台先得月"的优势，应该把结构和其内生性引进现代经济学，不辜负这个时代给予我们的机遇，对理论的发展作出创新性贡献，让我们的理论不仅能够帮助我们认识世界，而且能够更好地帮助我们改造世界。

（作者系北京大学国家发展研究院名誉院长、

新结构经济学研究院院长；

原载 2019 年 7 月 8 日《北京日报》）

为建设科技强国打下坚实基础

白春礼

科技兴则民族兴，科技强则国家强。中国要强盛、中华民族要实现伟大复兴，就一定要大力发展科学技术。新中国成立 70 年来，广大科技工作者与祖国同行，以实现国家富强、民族振兴、人民幸福为己任，坚持走中国特色自主创新道路，着力攻克关键核心技术、破解创新发展难题，我国科技事业实现了历史性、整体性、格局性重大变化，为经济社会发展作出了重大贡献，为加快建设科技强国打下了坚实基础。

党中央的正确领导指引我国科技事业快速发展

党的领导是我国科技事业快速发展的根本政治保证。新中国成立 70 年来，党中央始终将发展科技事业放在事关国家发展全局的战略位置，在每个关键时期都进行顶层设计，部署一系列重大战略，提出一系列重大举措，有力推动我国科技事业发展。

新中国成立之初，党中央作出建立中国科学院的战略决策，开启了新中国科技事业发展的光辉历程。1956年，党中央制定十二年科技发展规划，发出"向科学进军"的号召，集中各方面力量加快发展科技事业，迅速建立完整的科研队伍、学科体系和科研布局，实施"两弹一星"工程等一大批科技攻关项目，奠定了新中国科技事业发展的基础。

改革开放之初，党中央召开全国科学大会，率先在科技领域拨乱反正，我国迎来"科学的春天"。1985年，党中央作出关于科学技术体制改革的重大决策，确立"经济建设必须依靠科学技术，科学技术工作必须面向经济建设"的方针，开创了科技事业发展的新局面。世纪之交，党中央准确把握信息技术革命的大趋势，确立科教兴国战略和人才强国战略。2006年，为落实党的十六大提出的"制定国家科学和技术长远发展规划"的要求，《国家中长期科学和技术发展规划纲要（2006—2020年）》发布，确立了"自主创新，重点跨越，支撑发展，引领未来"指导方针，推动我国科技事业进入加速发展的快车道。

党的十八大以来，习近平同志就我国科技事业发展多次发表重要讲话、作出重要指示批示，进一步明确我国科技事业发展的总体定位、战略要求和根本任务，为科技创新提供了根本遵循和行动指南。以习近平同志为核心的党中央深入总结我国科技事业发展实践，观察大势，谋划全局，深化改革，全面发力，科学擘画建设科技强国的蓝图，作出一系列重大决策，深入实施创新驱动发展战略，加快推进创新型国家建设和科技强国建设，全面塑造了我国科技事业面向未来发展的新格局。

我国科技事业取得历史性成就、发生历史性变革

新中国成立 70 年来特别是党的十八大以来，我国科技事业取得了举世瞩目的发展成就，科技创新整体上呈现加速从量的积累向质的飞跃提升、从点的突破向系统能力提升的态势，展现出巨大发展潜力，具备了从科技大国加速向科技强国迈进的基础和条件。

整体科技实力显著增强。2018 年，我国研究与试验发展经费支出达到 19657 亿元，与国内生产总值之比达到 2.18%。截至 2017 年，我国高水平国际科技论文连续 9 年位居世界第二位，占全球总数的 18.6%；在自然指数排名中，中国科学院连续 7 年位居全球科研教育机构首位。我国拥有门类最为齐全的工业体系，2010 年起高技术产品出口额就位居世界第一，国内发明专利申请量也位居世界第一。从国家整体科技实力和竞争力来看，在国际上几个最有影响的评价报告中，我国总体上的排名已处于发展中国家前列。

自主创新能力大幅提升。我国在一些重要领域和方向取得一大批重大原创成果，如量子密钥分发、铁基超导、中微子研究、干细胞研究、克隆猴、系列空间科学实验卫星等，有的已经与世界先进

水平处于并行阶段，有的甚至开始领跑，化学、材料、工程科学等学科整体水平位居世界前列。载人航天与探月、北斗导航、载人深潜、大型客机、国产航母等一大批重大创新成就，使我国在事关国家全局和长远发展的科技战略制高点上占据了主动。高速铁路、5G 移动通信、超级计算、特高压输变电等都处于世界领先水平，语音识别、新能源汽车、第三代核电等也进入世界前列。我国还涌现出一批具有世界影响力的高科技企业，为我国全面参与未来全球经济和科技竞争合作奠定了良好基础。

人才队伍和科技发展基础更加坚实雄厚。高水平创新队伍是我国科技创新加速发展的关键。2018 年，我国研发人员总量达到 418 万人，位居世界第一；高等教育在学总规模 3833 万人，在学博士生 39 万人，在学硕士生 234 万人，也位居世界第一。我国已建成运行 29 个具有国际先进水平的大科学装置，其中 18 个由中国科学院运行管理，包括 500 米口径球面射电望远镜（FAST）、散裂中子源、P4 实验室、上海光源、全超导托卡马克核聚变实验装置等，这批国之重器将为我国重大基础前沿研究和高技术创新提供有力技术和平台支撑。

坚定不移走中国特色自主创新道路

新中国成立 70 年来，我国立足国情和科技创新实践，充分学习借鉴先进经验，走出一条具有中国特色、符合科技创新规律的自主创新道路。这是我国科技事业取得历史性成就、发生历史性变革的重要原因，也是我国科技事业发展的宝贵经验。

充分发挥集中力量办大事的制度优势。集中科技资源开展大协作、大攻关，这是新中国科技事业快速发展的一个重要法宝。新中国成立后，党中央统一领导、统筹部署，26 个部委、20 多个省区市、1000 多家单位的精兵强将和优势力量大力协同，在较短时间内就创造出研制"两弹一星"的奇迹，展现了攻克尖端科技难关的伟大创造力量。党的十八大以来，新型举国体制不断深化发展，一大批重大科技攻关任务、全方位的产学研用合作和协同创新，在加快提升自主创新能力、有效满足国家重大战略需求、解决"卡脖子"问题等方面发挥了关键作用。

不断发展完善中国特色国家创新体系。从"五路大军"到"五大体系"，中国特色国家创新体系的形成和发展，既体现了历史必然性，也适应了时代要求。中国科学院作为国家创新体系的骨干力量，不断探索科研院所、学部、教育机构"三位一体"的发展架构和独具特色的科教融合新模式。新时代，党中央作出一系列新的战略安排。从对中国科学院提出"三个面向""四个率先"要求，到以国家实验室为引领加快建设国家战略科技力量，再到以北京、上海、粤港澳大湾区科创中心为牵引加快建设面向未来发展的国家科研战略布局，中国特色国家创新体系建设充分体现了新时代的发展要求，为坚定不移走中国特色自主创新道路提供了坚实支撑。

不断改革探索独具特色的体制机制。进行一系列具有开拓性的改革探索，逐步建立一整套适应社会主义市场经济发展要求的科技体制机制，是坚定不移走中国特色自主创新道路的重要保障。1985年以来，"三元结构"分配制度、竞争择优的科研资助体系、多层次人才培养体系等一系列独具特色、行之有效的改革举措，充分激发了全社会的创新活力。党的十八大以来，科技体制改革不断深化，科技计划体系、科研项目和科研经费管理改革、科技成果转化"三权"改革等赋予科学家和科研院所更大自主权，其力度之大、含金量之高前所未有，为我国科技事业发展注入更强劲的动力。

全面开创新时代科技事业发展新局面

经过新中国成立 70 年来的快速发展，我国科技创新正处在实现战略性转变的关键时期。当前，新一轮科技革命将引发科技创新范式的变革和全球创新格局的重构，同时我国经济高质量发展对自主创新能力提出了更高要求。这既为我国科技创新带来新的战略机遇，也提出了新的严峻挑战。站在新的历史起点上，我国科技界要以习近平新时代中国特色社会主义思想为指导，不断开创我国科技事业发展新局面。

新中国成立以来，几代科技工作者把爱国之情、报国之志融入新中国科技创新的伟大事业中，把国家的需要、人民的期待置于个人利益之上、不懈追求、接续奋斗，攻克了一个又一个难关，创造了一个又一个奇迹，塑造出以"两弹一星"精神、载人航天精神为集中体现的创新奋斗精神，充分体现了我国知识分子的优秀精神品格，激励着一代又一代科技人才开拓创新、奋勇前行。党的十九大对我国科技创新作出全面部署，强调创新是引领发展的第一动力，是建设现代化经济体系的战略支撑。我国明确了建设科技强国的战略，即到 2020 年进入创新型国家行列；到 2035 年跻身创新型国家前列；到 2050 年建成世界科技强国，成为世界主要科学中心和创新高地。围绕这一系列宏伟目标，党中央从战略布局、发展路径、攻坚任务、体制机制改革等方面作出顶层设计和一系列战略部署，为我国科技事业发展指明了努力方向。广大科技工作者要发扬老一辈科学家的优良传统，自觉担负起建设创新型国家和世界科技强国的光荣使命，勇挑时代重担，勇做创新先锋，书写新时代科技创新的新篇章，为实现"两个一百年"奋斗目标和中华民族伟大复兴的中国梦作出积极贡献。

（作者系中国科学院院长、党组书记，中国科学院学部主席团执行主席；原载 2019 年 7 月 10 日《人民日报》）

中国发展蕴含的工业化规律

蔡　昉

　　新中国成立前，虽然我国已经存在一定比重的工业经济，但真正意义上的工业化是从新中国成立后第一个五年计划时期开始的。1953 年，全国 83.1% 的劳动力从事农业生产，工业就业人数的比重仅为 8.0%，工业增加值占国内生产总值（GDP）的比重仅为17.6%。第一个五年计划结束时，工业增加值占 GDP 的比重提高到 23.2%。此后，我国工业化水平不断提高，工业增加值占 GDP 的比重在 1978 年达到 44.1%，但也形成了重工业占比过高的工业经济结构。改革开放以来，我国按照生产力发展要求调整所有制结构，按照比较优势原则调整产业结构，工业化快速推进，用几十年时间走完了发达国家几百年走过的工业化历程。目前，我国已成为世界第二大经济体、制造业第一大国、货物贸易第一大国、商品消费第二大国、外资流入第二大国，外汇储备连续多年位居世界第一。总结新中国 70 年工业化规律，有利于我们在新的历史起点上砥砺奋进、走好新型工业化道路，也可以为丰富发展经济学贡献中国智慧。

从重工业优先发展到发挥比较优势

在一个贫穷落后的国家，经济建设最主要的任务就是加快工业化进程，改变以农业经济为主的经济结构。新中国成立以来，我们党始终把实现工业化的任务摆在重要位置，在推进什么样的工业化、如何推进工业化方面进行了较长时间探索，经历了从优先发展重工业到发挥比较优势的转变。

新中国成立后，我国实施的是重工业优先发展战略。实施这一战略有其特定历史背景。当时西方国家的封锁形成诸多发展瓶颈，必须靠优先发展重工业来打破。石油工业就是一个典型例子。作为当时不可或缺却被"卡脖子"的战略性产业，自力更生实现石油自给自足，既是不得已而为之，更是不可不为之事。与此类似的还有化学工业、电子工业、核工业和航天工业。这些领域正是由于被赋予优先地位，才实现了突破性发展。可见，重工业优先发展战略有其合理性，但也造成轻重工业比例失调。1952—1978 年，我国轻工业总产值年均增长 8.4%，重工业总产值年均增长 12.1%，重工业所占比重从 35.5% 大幅度提高到 56.9%。这种经济结构带来资源配置扭曲、工业企业效率低下等问题，也造成投资与消费比例失调，人民生活水平长期没有得到明显改善。

改革开放以来，随着社会主义市场经济体制的建立健全和改革开放逐渐深入，市场配置资源范围快速扩大，产品价格和要素价格的扭曲得到矫正，经济主体实现多元化，我国工业化发展路径转向注重发挥比较优势。一个重要特点就是劳动密集型产业获得更快发展，吸纳了大量农业富余劳动力，既推进了城镇化进程，又促进了资源优化配置和全要素生产率提高。特别是在发展制造业的过程中，我国把丰富的劳动力资源转化为比较优势和国际竞争力，积极融入全球产业链，成为世界制造业中心。我国产业结构大大优化，20世纪80年代，轻工业增长快于重工业，畸轻畸重的产业结构得到调整；20世纪90年代，轻工业和重工业开始均衡发展；2000年以后，随着比较优势变化和中西部地区基础设施投资加强，重工业产值增长速度再次快于轻工业，产业结构更加稳健、均衡。我国工业化与对外开放相辅相成。从20世纪80年代设立经济特区、实施沿海开放战略，到20世纪90年代开始为加入世界贸易组织而努力，再到党的十八大以来推动形成全面开放新格局，我国全方位拥抱经济全球化，充分融入全球供应链、产业链、价值链。我国国内生产总值占世界生产总值的比重由改革开放之初的1.8%上升到目前的约16%，多年来对世界经济增长贡献率超过30%。

从优先发展重工业到发挥比较优势，是我国工业化历程中最重要的实践，也是一个认识不断深化的过程，积累了在一个后发国家推进工业化的宝贵经验。

正确处理工业化、城镇化、农业现代化、技术进步之间的关系

我国 70 年工业化历程的另一条经验是，要把工业化作为现代化的有机组成部分，正确处理工业化、城镇化、农业现代化、技术进步之间的关系。

新中国成立之初的重工业优先发展战略，在一定程度上带来工业化与城镇化发展不协调的问题。重工业具有资本密集度高、产业配套效应不明显的特征。重工业优先发展并不能创造大量非农产业就业岗位，也难以充分发挥区域辐射功能，这就导致城镇化滞后于工业化，工业化的后续动力不足。

上世纪 80 年代以来，沿海地区发挥劳动力丰富的比较优势，遵循产业集聚产生规模经济的经济规律，劳动密集型制造业蓬勃发展，促进了城镇化快速发展。进入 21 世纪，在区域协调发展战略的推动下，中西部地区基础设施条件得到改善，开始承接沿海地区制造业转移，城镇化速度也呈现后来居上的势头。1978—2017 年，我国城镇人口迅速增加，城镇化率以同期世界上最快的速度提高，城镇的数量也大幅度增加，工业化与城镇化逐渐趋于同步。

在农业比重随着经济发展水平提高而逐步下降这一规律的作用下，我国农业富余劳动力大规模转移，进入城镇非农产业就业，提

高了整体劳动生产率。进入 21 世纪以来，我国经济进入工业反哺农业、城市支持农村的阶段，支农、惠农政策力度前所未有。伴随着工业化进程，以农业机械化为标志的农业现代化加快发展。1978—2017 年，农业机械总动力以年均 5.6% 的速度增长。2003—2017 年，农用大中型拖拉机及其配套农具的数量年均增长率均超过 14%。

党的十八大以来，以习近平同志为核心的党中央进一步深化对工业化规律的认识，强调推动新型工业化、信息化、城镇化、农业现代化同步发展。这既是深刻吸取国内外发展经验的理论升华，又体现了新一轮科技革命的特点。党的十九大报告提出，加快发展先进制造业，推动互联网、大数据、人工智能和实体经济深度融合。这将让工业化插上科技创新的翅膀，是主动顺应和引领新一轮信息革命浪潮的有效举措。党的十九大报告还把乡村振兴战略作为一项国家发展战略，与"四化同步"相得益彰、相辅相成。很多发展中国家在工业化和城镇化过程中出现过农业萎缩、农村凋敝和农民生活改善滞后于经济发展的问题，付出了沉重代价。在推进新型工业化的同时实施以农业农村现代化为总目标的乡村振兴战略，是"四化同步"发展的一项重大部署，体现我国社会主义现代化的内在要求，旨在探索一条近 14 亿人的共同富裕之路。

近年来，我国人口结构有所变化，劳动年龄人口开始负增长，劳动力工资上涨速度加快，劳动密集型制造业的比较优势趋于减弱。这一新形势新特点，更加凸显了"四化同步"发展的重要意义。一方面，我国农业劳动生产率持续提高，中西部地区农业劳动力转移潜力仍然较大，可以形成一个国内版的制造业雁阵模式，促进制造业从沿海地区向中西部地区转移扩散，延续人口红利；另一方面，借助新一轮科技革命特别是信息化的成果，可以加快掌握核心技术、获得核心竞争力，通过新型工业化提升我国制造业在全球价值链中的位置。

以劳动生产率提高引导产业结构演进

从各国经验看，一个国家的工业化并不是遵循直线轨迹推进，而是按照倒 U 形曲线变化。制造业增加值占 GDP 的比重通常会先经历一个逐渐上升的过程，达到峰值后便转而缓慢下降。制造业增加值占 GDP 的比重下降，既可能是在较高工业化阶段产业结构自然演进的结果，也可能是在条件尚未成熟时过早"去工业化"的结果。我们可以从制造业比重开始下降时的条件成熟度（以世界银行定义的人均收入组别作为发展阶段特征）、农业比重（以此作为产业结构特征）以及制造业比重下降后的结果三方面来观察这一现象。

第一类国家的制造业比重下降可谓水到渠成。在由升到降的转折点上，这些国家的人均 GDP 已达高收入国家标准，农业增加值占 GDP 的比重降到很低水平；农业比重下降之后，其制造业在全球价值链中的位置加快提升，整个经济的劳动生产率持续提高，保持发达的制造业大国地位。第二类国家的制造业比重下降具有不成熟的性质。在下降的时点上，人均 GDP 仍然处于中等偏上收入阶段水平，农业比重偏高；在农业比重下降之后，制造业转型升级并不成功，国际竞争力下降，劳动生产率的提高速度不足以支撑经济持续健康发展。以人均 GDP 标准判断，这类国家迄今大多没有进入高收入国家行列。拉美一些国家是这方面的典型。

由此可以归纳出三点规律性认识：第一，工业化推进到一定阶段后，高速工业化必然要转向以技术创新和结构升级为内涵的工业化新阶段，此时制造业比重下降具有必然性。第二，当农业比重降至较低水平、不存在农业富余劳动力转移压力且第三产业处于较高发展水平时，制造业比重下降不会导致劳动生产率的降低。第三，制造业比重下降，绝不意味着该产业的重要性降低，相反，新的工业化阶段是制造业攀升价值链阶梯的关键时期。

比照国际经验，我国应当防止过早去工业化。党的十九大提出，"建设现代化经济体系，必须把发展经济的着力点放在实体经济上"，"加快建设制造强国，加快发展先进制造业"。要贯彻落实这些重大部署，防止制造业比重过早过快下降，给制造业向技术密集型高端升级、农业富余劳动力转移、服务业发展和劳动生产率提高留出足够时间，促进核心技术创新，提升核心竞争力，从而获得新的全球价值链位置。

（作者系中国社会科学院副院长、学部委员；

原载 2019 年 8 月 28 日《人民日报》）

国之大计　党之大计

——新中国教育事业的历史成就与现实使命

陈宝生

新中国成立 70 年来，中华民族迎来了从站起来、富起来到强起来的伟大飞跃，我国教育事业在党的领导下也发生了翻天覆地的变化。我们要认真总结我国教育事业发展的宝贵经验，深入贯彻落实习近平同志提出的"教育是国之大计、党之大计"的重要论断，进一步把"两个大计"转化为历史自觉和责任担当，加快建设教育强国，不断培养一代又一代社会主义建设者和接班人。

把教育事业放在优先位置

中华民族素来有着尊师重教的优良传统，千百年来憧憬着"学有所教""有教无类""因材施教"等教育梦想，无数先贤为延续中华文脉、培养治世良才不懈求索。新中国成立 70 年来，我们党继承和发扬这些优良传统，把教育事业放在优先位置，推动教育事业实现跨越式发展，逐步将这些梦想变为现实。

新中国成立以来，我们党对教育地位作用的认识不断深化和升华，教育在党执政兴国中的战略地位逐步确立，教育的基础性、先导性、全局性地位和作用日益凸显。1949 年 9 月，中国人民政治协商会议第一届全体会议通过的《中国人民政治协商会议共同纲领》强调，"中华人民共和国的文化教育为新民主主义的，即民族的、科学的、大众的文化教育"，保证广大劳动人民的受教育权，培养新中国建设急需的人才。1949 年 12 月，第一次全国教育工作会议召开，谋划和确定教育大政方针和发展蓝图。1950 年，毛泽东同志在《人民教育》创刊号上题词："恢复和发展人民教育是当前重要任务之一"。

1978 年 12 月，党的十一届三中全会作出把党和国家工作中心转移到经济建设上来、实行改革开放的历史性决策。面对百业待兴、人才奇缺的状况，邓小平同志以极富战略性的眼光指出，"忽视教育的领导者，是缺乏远见的、不成熟的领导者，就领导不了现代化建设"。20 世纪 90 年代，我们党审时度势、顺应历史潮流，作出优先发展教育、实施科教兴国战略和人才强国战略的重大历史抉择。江泽民同志指出，"人才资源是第一资源""百年大计，教育为本"。胡锦涛同志指出，必须始终把教育摆在优先发展的战略地位，"切实保证经济社会发展规划优先安排教育发展、财政资金优先保障教育投入、公共资源优先满足教育和人力资源开发需要"。

党的十八大以来，以习近平同志为核心的党中央高度重视教育工作，围绕培养什么人、怎样培养人、为谁培养人这一根本问题提出一系列富有创见的新理念新思想新观点，系统回答了一系列方向性、全局性、战略性重大问题，为教育事业发展提供了根本遵循。在 2018 年 9 月召开的全国教育大会上，习近平同志发表重要讲话，从党和国家事业发展全局的战略高度，系统总结了我国教育事业发展的成就与经验，深刻分析了教育工作面临的新形势新任务，对加快推进教育现代化、建设教育强国、办好人民满意的教育作出全面部署，并提出"教育是国之大计、党之大计"的重要论断。这一重要论断把教育摆在了前所未有的战略地位，把教育与国家的前途命运、党的前途命运紧紧联系在一起，丰富和发展了中国特色社会主义教育理论，是做好新时代教育工作的行动指南。

我国教育取得举世瞩目的成就

70 年风雨兼程，70 年春华秋实。新中国成立 70 年来，在党的坚强领导下，我国彻底改变了教育底子薄、整体落后的状况，建立了完整的现代教育体系，中国教育面貌焕然一新，取得举世瞩目的成就，有力证明了中国特色社会主义教育发展道路的正确与宽广，有力彰显了我国社会主义制度的巨大优越性与强大生命力。

我国教育总体发展水平跃居世界中上行列。新中国成立初期，4.5亿人口，80%以上是文盲，学龄儿童入学率只有20%，1949年全国接受高等教育的在校人数只有11.7万人。今天，九年义务教育已全面普及。2018年，小学学龄儿童净入学率达到99.95%，学前教育毛入园率达到81.7%，高中阶段毛入学率达到88.8%，高等教育毛入学率达到48.1%，各级教育普及程度均达到或超过中高收入国家平均水平。国家教育投入力度越来越大，从2012年起实现了国家财政性教育经费占GDP 4%的目标并保持连续增长。同时，我国教育的国际影响力不断增强，从国际学生能力测试（PISA）的优异表现，到成为本科工程教育国际互认协议《华盛顿协议》正式成员，国际社会对中国教育的关注度越来越高。

培养一代又一代社会主义建设者和接班人。70年来，党的教育方针始终坚持德育为先，始终把坚定正确的政治方向放在办学第一位，根据不同时期的历史背景、历史任务，结合不同时期青少年的思想状况，在加强思想政治教育、引导青少年坚定理想信念和厚植爱国主义情怀等方面，进行了大量深入细致的探索和实践，培养了一代又一代听党话、跟党走，扎根人民、奉献祖国的社会主义建设者和接班人。今年3月，习近平同志主持召开学校思想政治理论课教师座谈会，强调"我们办中国特色社会主义教育，就是要理直气壮开好思政课，用新时代中国特色社会主义思想铸魂育人"。当前，青少年学生不断坚定共产主义远大理想和中国特色社会主义共同理想，弘扬和践行社会主义核心价值观，思想政治状况的主流积极健康向上。

为实现中华民族伟大复兴提供有力人才和智力支撑。在我们党的坚强领导下，经过几代教育工作者的不懈奋斗，全体人民的思想道德素质和科学文化素质全面提升，为实现中华民族伟大复兴提供了有力人才和智力支撑。我们用 20 多年时间走完了发达国家上百年的义务教育普及之路，用十几年时间实现了高等教育从大众化向普及化的快速发展。2018 年，我国劳动年龄人口平均受教育年限达到 10.6 年，新增劳动力中接受高等教育的比例超过 48%，平均受教育年限达到 13.6 年以上，高于世界平均水平。亿万人民通过受教育实现了完善自身、改变命运、创造美好生活的愿望，人民群众的获得感、幸福感、安全感不断增强。这一切是建立在 70 年前多数人是文盲半文盲的状况之上的，是立足于社会主义初级阶段这个最大国情实现的。

不断增强贯彻落实"两个大计"的自觉性坚定性

习近平同志提出的"教育是国之大计、党之大计"的重要论断，是对新中国 70 年来教育改革发展经验的深刻总结，是从成功实践中一步步升华而来的理论成果，必须始终牢牢坚持。新时代，办好人民满意的教育，建设教育强国，必须坚持以习近平新时代中国特色社会主义思想为指导，增强"四个意识"，坚定"四个自信"，做到"两个维护"，全面贯彻落实习近平同志关于教育工作的重要论述和全国教育大会精神，把"两个大计"转化为历史自觉和责任担当，转化为加快教育现代化、建设教育强国的政策举措和生动实践，为实现"两个一百年"奋斗目标、实现中华民族伟大复兴的中国梦作出新的更大贡献。

深刻认识加强党对教育工作的全面领导是办好教育的根本保证。事业愈是重要，方向问题愈是紧要。教育的方向问题从来都是第一位的。中国特色社会主义最本质的特征是中国共产党领导，中国特色社会主义制度的最大优势是中国共产党领导，党是最高政治领导力量。加强党对教育工作的全面领导，关乎教育的性质，关乎教育的兴衰成败。必须全面贯彻党的教育方针，坚持马克思主义指导地位，把思想政治工作贯穿教育全过程，始终坚持党对教育工作的全面领导。

深刻认识教育是民族振兴、社会进步的重要基石。一个国家、一个民族要实现独立富强，巍然屹立于世界民族之林，必须有繁荣的经济、昌盛的文化、强大的国防，而这一切都要靠教育来奠基。教育与人类社会共始终，传承文明和知识，凝聚人心、完善人格、开发人力、培育人才、造福人民，是功在当代、利在千秋的德政工程，对实现中华民族伟大复兴具有决定性意义。我们必须把建设教育强国作为中华民族伟大复兴的基础工程，把教育事业放在优先位置。

深刻认识教育是提高人民综合素质、促进人的全面发展的根本所在。现代化的核心是人的现代化。"化民成俗，其必由学"。塑造灵魂、塑造生命、塑造新人，课堂、学校是基本场所，教育是根本途径。我们要坚持以人民为中心的发展思想，让全体人民享有更好更公平的教育，努力让每个人都有人生出彩的机会，获得发展自身、奉献社会、造福人民的能力。

深刻认识立德树人是教育的根本任务。培养什么人，是教育的首要问题。任何国家任何社会维护政治统治、维系社会稳定，都要通过教育。我国是中国共产党领导的社会主义国家，必须培养德智体美劳全面发展的社会主义建设者和接班人，培养一代又一代拥护中国共产党领导和中国特色社会主义制度、立志为中国特色社会主义事业奋斗终身的有用人才。

深刻认识服从和服务于党和国家大局全局是教育的重要使命。国兴科教，科教兴国。教育必须服从和服务于经济社会发展全局，服从和服务于一定历史时期党和国家的中心工作。我们要坚持扎根中国大地办教育，以我们正在做的事情为中心，为社会主义现代化建设提供强大人才和智力支撑。

（作者系教育部党组书记、部长；

原载 2019 年 9 月 10 日《人民日报》）

坚定不移推进社会治理现代化

——新中国 70 年社会治理现代化历程、进展与启示

魏礼群

在迎接中华人民共和国 70 华诞之际，回顾新中国成立 70 年来社会治理现代化建设的历程、成就，总结宝贵经验与启示，对于我们在新时代深入推进社会治理体系和治理能力现代化，全面建设社会主义现代化国家，具有十分重要的意义。这里，简要讲几点个人的初步思考与认识，同大家分享交流。

一、新中国 70 年社会治理现代化建设的道路与进程

新中国成立 70 年的历史，是中国共产党领导全国人民坚持探

索、完善和发展中国特色社会主义的历史，也是不断开拓、推进和发展中国特色社会主义现代化事业的历史。在这个光辉历程中，持续推进社会领域变革、坚定走向社会治理现代化，是一个十分重要的方面。如同新中国成立以来分为改革开放前后两个大的历史时期一样，社会治理现代化建设也是两个不可分割的历史延续过程。总的方向，都是在社会主义道路上探索和推进社会主义社会治理现代化建设。前 30 年为中国社会治理现代化建设提供了根本社会政治前提和进行了艰辛探索，后 40 年是在前 30 年基础上进行的深刻变革与广泛创新。

新中国前 30 年社会治理的基本特征，是以建立巩固新生的人民政权和进行社会主义革命为动力，最大限度地把全社会组织和整合起来，团结一切可以团结的人，形成了最广泛社会共同体；以开展大规模社会主义建设，最大限度地感召和凝聚全体人民的意志和行动，调动一切积极因素，改变国家一穷二白的落后面貌；国家以强大的社会管控能力、组织能力和动员能力，成功地应对和抵御了各种困难与考验，在较短时间内奠定了独立的比较完整的工业体系和国民经济体系，这就为后来社会主义现代化建设的全面推进创造了重要的物质技术基础。

1949 年 10 月 1 日，中华人民共和国的成立，开辟了中国社会发展的新纪元，广大劳动者由奴隶变成了国家和社会的主人。劳动人民掌握了国家政权，主宰了自己的命运，这为当代中国一切发展进步奠定了根本政治前提和社会制度基础。

刚刚成立的新中国百废待兴，面对的首要问题是迅速地把人民群众组织起来，彻底结束旧中国四分五裂、一盘散沙的状态，凝聚起建设新中国、实现民族复兴的磅礴伟力。我们党领导人民有步骤地实现从新民主主义到社会主义的转变，有步骤地进行对农业、手工业和资本主义工商业的社会主义改造，在迅速恢复国民经济和开展有计划的经济建设的同时，大力革除旧社会弊制，建立新社会秩序，完成土地制度改革，开展"三反""五反"运动，巩固新生的政权，禁烟禁毒，实行男女平等。同时，大力加强人民民主制度和法治建设。1954年颁布了第一部《中华人民共和国宪法》；在此前后，制定了《全国人民代表大会组织法》《国务院组织法》《人民法院组织法》《土地改革法》《婚姻法》等等。从1949年到1957年，全国人大常委会、国务院及其部委颁发重要的法规性文献为1261件，一系列的法律法规的出台为人民行使民主选举、民主决策、民主管理、民主监督提供了制度保障。随着"一化三改造"过渡时期总路线的实施，农村集体经济组织普遍建立，城镇职工以单位或企业形式组织起来、居民在居委会中有序参政议事，夯实了城乡基层社会运行的组织系统与制度基础。

1956年，我国社会主义改造基本完成以后，开始转入全面的大规模的社会主义建设。随着实行计划经济体制，形成了国家全面管控社会和高度组织化的治理模式，对社会进行自上而下的整合与管控。在城市，实行单位制和街居制的社会管理模式。在农村组建合作社和人民公社，实行政社合一制度。社会资源以计划配置为主，社会整合以行政手段为主，社会事业发展由国家或集体包办，实行严格的户籍制度规范和管理人口流动。在城市依托企业建立了医疗、教育、住房、养老、工伤、抚恤等在内的社会保障和公共服务制度；在农村建立了基础教育和合作医疗、五保户等保障制度。这些制度，有力地避免了西方国家在工业化早期付出的巨大社会代价。特别是在全社会大力提倡集体主义精神，在各条战线树立典范，使先进事迹如春风化雨般滋养人们的灵魂，形成甘于奉献、积极向上的社会心态和氛围。这个历史时期社会治理道路的探索，显示了重要的历史作用。

新中国成立后 30 年社会治理的主要问题是，权力过分集中，国家管得过多、统得过死，政企不分，政社不分，社会缺乏活力，特别是一段时期内片面追求"一大二公三调四平"，长期"以阶级斗争为纲"，往往以群众运动代替群众路线，使我国社会主义建设没有达到本来应该达到的成就。特别是 1966 年 5 月至 1976 年 10 月的十年"文化大革命"，使国家和人民遭受严重挫折和损失，延缓了包括社会治理现代化在内的中国社会主义现代化建设的历史进程，这是极为深刻的历史教训。

以 1978 年 12 月党的十一届三中全会为鲜明标志，新中国跨入新的伟大历史时期。这次全会决定实行改革开放的重大决策，果断抛弃"以阶级斗争为纲"的治国理政理念，把党和国家工作重心转移到经济建设上来，中国社会主义现代化建设进入改革开放的历史新时期，社会治理现代化建设也步入新的发展阶段。这一历史时期社会治理的基本特征是，以改革开放为动力，解放和发展社会生产力、改善人民生活和促进社会全面进步；以发展社会主义市场经济，实现全方位对外开放为目标取向，重视发挥市场和社会作用，让全社会活跃起来，让一切创造财富的源泉涌流，但一度放松了社会管理；党的十八大之后，以全面建成小康社会为目标，推动党和国家事业发生历史性变革，逐步使社会运行转入活而有序的状态。

改革开放伊始是从高度集中的社会管控向放开搞活转变。随着改革开放的深入，社会活力不断增强，国家对社会治理也逐步变革和创新。1982 年 12 月，第五次全国人民代表大会修改《中华人民共和国宪法》，对国家的基本制度、根本任务、治理结构和主要原则等都作出了新规定，包括实行法治原则、尊重和保护人权原则，也包括改变农村人民公社政社合一的体制，推进乡村政权建设。同时，通过改革生产流通体制、劳动人事制度，放松城市"单位制"、"街居制"，有力地推动了社会流动，特别是人口在城乡之间、农村之间、城市之间以及企业之间的流动。1992 年党的十四大之后，在建立社会主义市场经济体制的新形势下，1998 年《国务院机构改革方案》首次明确提出各级政府承担着"社会管理"职能。政府在继续搞好经济调节、加强市场监管的同时，更加注重履行"社会管理""公共服务"职能。2002 年党的十六大及以后中央会议上，提出并系统阐述了构建社会主义和谐社会的重大思想和决策部署。2003 年抗击"非典"斗争加快了国家应急管理体系建设。这一时期，城乡基层自治和社区组织不断完善，社会事业改革发展全面推进，社会组织逐步发展壮大，社会领域变革和现代化建设在一些重要方面都取得了重要进展。

2012 年 11 月党的十八大以来，随着中国特色社会主义进入新时代，开拓了包括社会治理现代化在内的全部现代化建设崭新局面。在习近平新时代中国特色社会主义思想的指引下，全面推进社会治理变革和现代化建设，着力推动全社会充满活力又和谐有序地运行。这一时期，党和国家采取了一系列举措，大力推动社会治理领域改革创新。包括：全面加强党对社会治理的领导，从严治党、惩治腐败，以党风政风好转带动社会风气好转；筑牢改善和保障民生工程，大力实施脱贫攻坚战，积极促进就业和完善社会保障制度；推进社会治理基础性制度改革创新，实行新的人口政策，改革户籍制度，深化教育、卫生领域改革；确立总体国家安全观，构建国家安全体制，健全公共安全体系，广泛开展平安中国建设，加强社会治安综合治理，深入开展扫恶除黑斗争；加快社会诚信制度建设，加强社会信息基础设施、基础制度建设，积极探索守信激励和失信惩戒制度；加强城乡社区治理，提升治理水平；创新社会治理方式，不断提高社会治理信息化水平；加大环境保护与治理力度，着力解决影响人民群众身心健康和社会稳定的环境问题。我国社会治理现代化进入加快发展的新阶段。

"人间正道是沧桑"。纵观新中国 70 年社会治理变革的历程，是中国共产党带领全国人民义无反顾、坚定不移地探索、开拓和推进社会主义社会治理现代化的过程。在这一进程中既有高歌猛进，也有徘徊曲折，更有变革飞跃，走出了一条中国特色社会主义现代化社会治理之路，开拓了马克思社会主义社会治理理论的新境界。当然，我们也要看到，新中国 70 年社会治理变革和现代化道路是不平坦的，如同其他领域的变革和现代化建设一样，经历了艰辛探索，甚至挫折，走了不少弯路，蒙受了损失。但道路已经打通，基础已经奠定，随着社会主义现代化事业的不断发展，中国社会主义社会治理现代化的道路会越走越宽广。

二、新中国 70 年社会治理现代化建设的进展与成就

新中国成立 70 年来，中国社会治理现代化建设取得了历史性进展和重大成就，概括起来，可以从以下七个方面来认识。

（一）从治理理念看，逐步从社会管控、社会管理向社会治理转变

社会治理现代化首先在于社会治理理念和价值的现代化。70 年来，我国社会治理理念随着整个国家发展所处的历史阶段和现代化的进程，不断与时俱进，经历了从社会管控到社会管理，再到社会治理的两次历史性飞跃。这是社会变迁客观进程的反映。新中国成立之初，采取了以管控为特征的社会思维理念，通过计划和行政手段实现社会领域的全面管理。改革开放之后，随着社会经济日趋

活跃和各种矛盾增多，国家管控型理念被社会管理型理念所替代。为适应建设社会主义和谐社会和现代化发展的要求，又将社会管理转变为社会治理。从管理到治理虽然是一字之差，却体现了党和国家社会治理理念的深刻革命，体现了社会治理的目的、主体、内容、方式进一步向社会治理现代化的要求转变，体现了进一步向民主化、法治化、制度化、科学化的轨道转变，这将更好地使社会主义制度优势转化为现代社会治理的优势，转化为人民群众的思想自觉与行动自觉。这是从传统的社会管控、社会管理理念和思维向以人民为中心的现代社会创新思想的重大飞跃，为推进社会治理体系和治理能力现代化提供了宝贵价值和全新理念引领。

（二）从制度体系看，逐步从分散型向整合性转变

社会治理现代化是现代社会治理制度体系逐步建立和完善的过程。70 年来，我国社会治理制度体系经历了从碎片化到不断发展再到有力整合创新的全面性建构。前 30 年，通过政治、经济和社会一体化的组织体系，以维护政治、经济、社会秩序和运行。改革开放特别是近些年以来，经过不断实践探索和制度建设，逐步建立了现代社会治理的基础制度体系，包括民主制度体系、法治建设体系、社会组织体系、社会管理体系、公共服务体系、社会保障体系、公共安全体系、城乡社区体系、社会治安防控体系、社会信用体系、应急管理和国家安全体系，基本构筑了符合当代中国国情的新型社会治理制度体系，各方面社会治理制度体系建设相互联系、整体推进。

（三）从社会体制看，逐步从国家一元管理向多元社会主体共建共治转变

社会治理现代化是社会体制的现代化。70年来，我国社会治理体制经历了国家一元管理为主，逐步到国家、市场、社会、公众协同治理的深刻变革。新中国成立后实行计划经济体制的时期，国家是经济、社会生活的统一计划者和管理者，是社会管理的唯一主体，包揽社会秩序管理、社会事业发展和各类公共服务。改革开放以后，以往高度集中、统得过死、管得过宽的社会管理体制被打破，国家作为社会治理主体之外，还重视发挥各种社会力量的作用，逐步形成在党的统一领导下，政府、社会、市场、公众多元主体共建共治共享的社会治理格局，同时逐步发挥法治保障和科技支撑作用，现代社会治理体制框架基本建立。

（四）从方式手段看，逐步从单纯行政手段向多种手段综合并用转变

社会治理现代化是社会治理方式现代化。70年来，我国社会治理经历了主要靠行政管控向多种手段综合运用、协调联动创新的过程。前30年，国家主要通过行政措施来实现社会的整合发展。改革开放之后，逐步重视综合运用经济、法治、科技和必要的行政手段等多种手段，加强和创新社会治理，不断推进源头治理、系统

治理、依法治理、民主治理、综合治理，推行政府善治、社会自治、全民德治、社会法治。重视运用现代信息技术，逐步打造"互联网＋"社会治理模式，把体制机制变革与现代科技应用深度融合起来。目前全国城乡社区普遍推行网络化、网格化、精细化管理，现代社会治理能力与成效不断提升。

（五）从社会转型看，逐步从传统社会向现代社会转变

社会治理现代化是适应和推动社会不断转型升级的现代化。70年来，我国经历了传统社会结构分化重组向现代社会结构演变的历史性跨越。新中国成立后相当一段时间，我国基本处于传统社会形态，人们被旧有的社会分工固化在劳动场所，社会化、专业化、工业化、城市化水平低，整个社会缺乏活力。改革开放和市场经济发展，推动了我国政治、经济、文化领域的变革与发展，社会转型加快，社会结构中的阶层结构、人口结构、就业结构、收入结构、城乡结构等都发生了深刻的变化。中国社会已从农民占人口绝大多数的农业社会、乡村社会，逐步向工业社会和现代社会转变，城市化水平大幅提升；由封闭半封闭型社会向开放型社会转变，对外开放不断扩大，中国与世界联系越来越密切；就业规模不断增加，就业结构持续优化，新生社会阶层迅速崛起，中等收入群体逐步发育和成长起来；我国已经进入老龄社会，整个社会日益呈现多元化、复杂化、现代化的特征。与社会转型相适应，现代社会治理体系和能力建设的步伐也在加快。

（六）从运行状态看，逐步从社会高度稳定向秩序与活力相统一转变

社会治理现代化是构建社会运行秩序与活力相统一的现代化。70 年来，我国社会治理运行经历了高度稳定到放开搞活再到活力有序的螺旋式上升。新中国成立后一段时期，主要依靠政治动员、行政命令来达到社会组织和社会成员思想上的一致和行动上的统一，以维护社会秩序高度稳定，但窒息了社会生机与活力。改革开放后一个时期，社会活力迸发，但也出现社会无序运行状态。党的十八大之后，强调社会治理讲究辩证法，既要管理又要防止管得太死，刚柔相济、宽严适度，有力地推动社会迸发活力又和谐有序运行，现代社会治理趋于规范化、制度化、常态化。

（七）从社会景象看，逐步从贫困向全面小康社会转变

社会治理现代化建设的根本目的和重要标志，是提高全体人民生活水平和质量，是推动社会全面发展进步。新中国成立 70 年特别是改革开放以来，我国国民经济保持快速发展的同时，人民生活大改善大提高，经历了从贫困逐步到温饱以至全面小康的沧桑巨变。新中国成立之初，国家一穷二白，民不聊生。新中国逐步建立起独立国民经济体系的同时，建立了社会保障体系和民生保障体系。近 40 多年来，随着现代化事业的全面推进，人民生活不断改善、显著提升，人民安居乐业，就业相对稳定，教育卫生事业快速

发展，我国已建成世界上最宏大的社会保障体系，人民健康水平普遍提高。精准脱贫成效显著，全面脱贫目标即将实现，全体人民正朝着实现共同富裕的目标迈进。和谐社会建设、平安社会建设、法治社会建设、信用社会建设、幸福社会建设的成效日趋显著，全面建成小康社会的美好景象日益清晰地展现在世人面前。

我国在长达 70 年广泛和深刻的社会大变革中，始终保持社会大局的稳定，创造了人类社会现代化建设史上的伟大奇迹。70 年中国社会治理领域变革和现代化建设的重大成就，充分体现了中国特色社会主义制度优越性，充分显示了中国社会主义现代化建设的辉煌成就。但社会治理现代化建设还面临许多问题和挑战，实现既定目标，仍任重道远。

三、新中国 70 年推进社会治理现代化的经验与启示

70 年来，我国社会治理现代化建设走过了不平凡历程、取得了重大进展和成就，也积累了正反两方面丰富经验，从中可以得到一些规律性认识和深刻启示。

（一）推进社会治理现代化，必须始终坚持党的全面领导

中国共产党领导是中国特色社会主义最本质的特征，是中国特色社会主义制度的最大优势。新中国 70 年来的历史充分证明，中

国共产党是领导各项事业前进的核心力量，中国社会治理变革始终是在党的领导下进行的。党的政治领导为社会治理指引了正确方向和价值体系，增强了社会治理的方向感和凝聚力；党的组织优势为社会治理提供了严密有效的组织结构和制度体系，确保社会治理的统一性、有序性；党的优良传统和品格，既勇于探索创新、开拓前进，又敢于坚持真理、修正错误。改革开放前30年，正是在党的领导下建立了社会主义基本制度，为中国社会治理现代化建设奠定了根本的社会制度和政治条件，在探索中逐步建立起一套社会管理制度。改革开放40多年来，又是在党的领导下，开拓了中国特色社会主义道路，总结以往经验教训，逐步建立与发展社会主义市场经济相适应的社会治理制度体系，并且以党建引领社会治理现代化建设，坚持党要管党、全面从严治党，以党的先进性和纯洁性建设不断提升党的社会治理领导能力和水平。

在新时代深入推进中国社会治理现代化，必须更加自觉地坚持党的全面领导，把加强和完善党的领导贯穿于社会治理的全领域、全过程、全环节，并要以彻底的自我革命精神不断增强党的政治领导力、思想引领力、群众组织力和社会号召力。我们要坚决维护以习近平同志为核心的党中央权威和集中统一领导，确保社会治理现代化的正确航向，更好发挥党总揽全局、协调各方的领导核心作用，充分发挥基层党组织的战斗堡垒作用。

（二）推进社会治理现代化，必须始终坚持以人民为中心

我国是社会主义国家，人民群众是国家和社会的主人，是决定国家前途和命运的根本力量。社会治理必须以人民为中心，坚持人民利益至上，一切为了人民；必须坚持尊重人民、依靠人民；必须坚持党的群众路线，相信群众，发动群众。70 年来历程证明，什么时候什么地方全面贯彻以人民为中心，什么时候什么地方社会治理就顺利推进；什么时候什么地方损害人民权益，强迫命令，脱离群众，社会治理就会出问题，事与愿违。只有一切从人民利益出发，充分发挥人民的主体作用，坚持群众路线，社会治理才会有效。"知屋漏者在宇下，知政失者在草野"。要牢固树立人民群众是社会的主人和推动历史前进真正动力的思想，注重从人民群众的实践中汲取智慧。

在新时代深入推进社会治理现代化，必须更好坚持以人民为中心，全面把握人民群众对美好生活的新期待新要求，尊重人民群众情感，倾听人民群众呼声，切实解决好人民群众最关心最直接最现实的利益问题。要真正把人民满意不满意、拥护不拥护作为社会治理成效的根本标准。坚决反对和制止各类违背人民意愿，搞强迫命令、劳民伤财的所谓政绩工程。

（三）推进社会治理现代化，必须始终坚持充分体现中国基本国情

70 年来的历史充分证明，社会治理现代化建设必须坚持从中国国情出发，这也是最为深刻的经验启示。我们国家大，发展不平衡，仍处于社会主义初级阶段，又是具有悠久历史文明的东方大国。这些都是中国的基本国情，是现代中国的最大实际。什么时候脱离这个国情、脱离这个实际，就会犯错误、走弯路，甚至遭遇严重挫折。社会治理要充分考虑地区和城乡间的差异，因地制宜，突出特色，不搞一刀切、一个模式。中华文化是我们民族的根基和魂魄，我们必须从延续民族文化血脉中开拓前进，要使中华文明、红色文化成为社会治理现代化中最突出的优势和最鲜明的特色。人民日益增长的美好生活需要和不平衡不充分的发展之间的矛盾，是当前和今后一个时期中国社会主要矛盾，推进社会治理现代化要有利于解决这个社会主要矛盾。

在新时代深入推进社会治理现代化，必须坚持立足基本国情，坚持从各地实际出发。当前要全面贯彻乡村振兴战略，坚持分类指导，加强和改进乡村治理，推动各地立足自身资源禀赋、基础条件、人文特色等实际，确定社会治理的发展思路和推进策略。要妥善解决一些村庄空心化、产业空洞化问题，切实纠正一些地方违反客观规律，违背群众意愿，急于搞大拆大建，强迫农民统统集中上楼居住替代乡村兴旺的错误做法。要大力弘扬和传承中华民族优秀

传统文化，继承和传播革命文化、先进文化，特别是要脚踏实地实践社会主义核心价值观，着力提升全社会的文明程度。我们要以世界眼光和宽广胸怀学习借鉴国外社会治理的一切有益经验，但是，绝不能照抄照搬别国做法、别国模式，必须自觉抵制各种错误思想和主张的影响，确保社会治理现代化沿着中国特色社会主义道路前进。

（四）推进社会治理现代化，必须始终坚持全面深化社会领域改革开放

新中国 70 年来的历史充分证明，改革开放是决定当代中国命运的关键一招，是社会发展进步的活力之源，也是推进社会治理现代化的根本动力。前 30 年，实行高度统一、政社不分的社会管理模式，不仅给国家带来沉重负担，而且窒息了社会发展活力，束缚了社会事业发展。改革开放 40 多年来，在深入推进经济体制改革的同时，持续深化城乡二元结构改革，推行户籍制度改革、农村土地改革，推进就业、分配、教育、医疗、社会保障、住房等制度改革，规范发展社会组织，城乡基层引进和推行社区制度，通过转变政府职能创新社会管理，重视发挥市场和社会力量的作用，加快了我国社会治理现代化步伐。

改革开放只有进行时，没有完成时。在新时代深入推进社会治理现代化，必须坚持以深化改革开放为动力，坚决破除一切妨碍社会治理现代化建设的体制制度，进一步解放和增强社会活力，进一步探索和创新科学的治理制度，不断开拓社会治理现代化更为广阔的道路。

（五）推进社会治理现代化，必须始终坚持社会建设和其他建设协同发展

新中国 70 年的历史充分证明，社会治理现代化建设是一个巨大的社会系统工程，必须与经济建设、政治建设、文化建设、社会建设和生态文明建设融为一体、相互适应、相互促进。改革开放前 30 年，社会建设和社会治理同其他方面变革和建设不协调，尤其是社会结构演进长时期滞后于经济结构的变革，一度影响了社会治理现代化的进程。改革开放以来，逐步重视社会建设和社会治理与经济建设、政治建设、文化建设、生态文明建设密切联系、相互作用和相互支撑。经济建设为社会建设和社会治理现代化提供了必要的物质条件；政治建设为社会建设和社会治理现代化提供了正确方向引领；文化建设为社会建设和社会治理现代化提供了强大的文化支撑；生态文明建设为社会建设和社会治理现代化、实现人与自然的和谐共生拓展了广阔空间。

在新时代深入推进社会治理现代化，必须更好地统筹社会建设和其他建设、社会领域治理与其他领域治理，使各个领域建设与治理协同发展。特别要按照贯彻新发展理念、建设现代化经济体系、发展社会主义民主政治、推动社会主义文化兴盛、建设美丽中国的要求，积极调整社会阶层结构、社会组织结构、就业结构、城乡结构、分配结构、消费结构，不断促进社会结构现代化。要始终坚持

"一手抓物质文明、一手抓精神文明"，坚持"一手抓民主、一手抓法治"，坚持"一手抓改革开放、一手抓打击违法犯罪"，坚持"一手抓制度文明、一手抓社会文明"，始终坚持两手抓、两手都要硬。在今后推进社会治理长过程中，要牢固树立现代化建设的整体观、系统观、协同观。

（六）推进社会治理现代化，必须始终坚持打造现代社会治理新格局

打造共建共治共享的现代社会治理格局，是社会治理体制制度建设的重要任务，是实现中国社会治理现代化的基本目标。新中国成立 70 年来的历史充分证明，构建符合我国国情的现代社会治理格局，是实现有效社会治理的关键。前 30 年，我国确立社会主义基本制度，从上到下普遍建立党组织，通过探索人民公社制和单位制，形成了适应当时历史条件的社会治理系统和组织体系。改革开放 40 多年来，随着市场经济发展带来社会利益格局的分化，社会主体多元化，社会治理中党组织、政府组织、市场组织、社会组织和人民群众共同发挥作用，逐步形成共建共治共享社会治理新格局，但是这种新格局还不完善，需要积极推进创新发展。

在新时代深入推进社会治理现代化，必须坚持推进社会治理体制创新，继续打造完善的共建共治共享的现代社会治理格局。要进一步完善党委领导、政府负责、社会协同、公众参与、法治保障、科技支撑的社会治理体制，坚持在党的统一领导下，政府和社会多元主体共建共治，最大程度激发社会创造活力，形成人人参与、人人尽力、人人共享的社会共同体。尤其重要的是，社会治理的重心必须向基层下移，健全完善城乡社区体系，把更多资源、服务、管理放到社区，为群众更好提供精细化服务，实现政府治理与社会调节、居民自治良性互动。

（七）推进社会治理现代化，必须始终坚持提高现代社会治理能力

推进中国社会治理现代化，需要创新和健全社会治理制度体系，也需要大力提升现代社会治理能力。70年来的历史充分证明，社会治理能力关乎社会治理制度的执行状况和总体效果。多年来，我们党和国家的社会治理能力不断增强，治理社会的水平明显提升。但是，还有许多亟待改进的地方。

在新时代深入推进社会治理现代化，必须适应国家现代化总进程，提高党领导现代社会治理的水平，提高国家机构的履职能力，提高人民群众依法管理国家事务、经济社会文化事务、自身事务的能力。要在提高社会治理能力上下更大的气力，以提高党的领导力为重点，尽快把各级干部、各方面管理者的思想政治素质和科学文化素质、工作本领都提高起来，尽快把党和国家机关、企事业单位、人民团体、社会组织等的工作能力都提高起来，并尽快提高社会协同力、公众参与力和法治保障力，特别要创新社会治理方式，持续提高社会治理社会化、法治化、智能化、专业化水平。要通过各种形式动员和组织广大人民群众参与社会治理，切实发挥好基层群众组织的自我治理功能，让人民群众成为社会治理现代化建设的坚定支持者和积极参与者。要以法治理念、法治制度引导社会治理创新，加快社会法治建设，用法律规范社会治理中的各种权利和义务关系。要顺应互联网时代的发展趋势，积极利用好大数据、云计算、人工智能等高新技术，推进社会治理工作科学化、精细化、高效化。要按照专业化标准化要求，创新和规范社会治理，特别要加快打造一支规模宏大的、专业化的人才队伍和专业群众工作队伍，用科学态度、先进理念、专业知识服务现代社会治理。

（八）推进社会治理现代化，必须始终坚持正确处理社会治理过程中的几个基本关系

习近平总书记指出："社会治理是一门科学。"这个重要论断深刻揭示了社会治理的内涵和社会治理现代化建设的方向。新中国 70 年的历史充分证明，要提高现代社会治理水平，必须把握社会治理的功能、目标和方法。社会治理的主要功能和目标是维护社会秩序、防范社会危机、化解社会矛盾、促进社会和谐，激发社会活力、发挥各方面积极性，推动社会全面进步、彰显社会公平正义，建设社会主义和谐社会。前 30 年，社会治理偏重管控、管理，并以行政手段为主、政治动员为主，社会缺乏活力和进取精神。改革开放之后一度偏重放开搞活，放松管理和思想道德建设，产生了不少消极社会后果。党的十八大之后，我们党纠正了某些偏差，使社会建设和社会治理沿着正确方向前进。

在新时代深入推进社会治理现代化，必须进一步确立创新思维、辩证思维、底线思维，更加讲究科学方法，正确把握与处理社会治理过程中的一些基本关系。一是处理好治理与民生的关系。提高社会治理水平必须从源头上预防和减少社会矛盾。因此，更好保障和改善民生是提高社会治理水平的根本之计。必须注重解决好直接关系人民群众根本利益和现实利益的问题，使人民群众在经济发展的基础上不断增强获得感、幸福感、安全感，这样才能更好实现天下大治，建设和谐社会。二是处理好维稳与维权的关系。一般地说，维权是维稳的基础，维稳的实质是维权，只有把人民群众合理合法的利益诉求解决好，才能真正实现社会的长期和谐稳定。三是处理好活力与秩序的关系。一个好的社会，既要充满活力，又要和谐有序。既不能管得太多，一潭死水，也不能放得太开，波涛汹涌，务求实现社会有序运行与社会活力迸发相统一、相协调。四是处理好法治德治自治的关系。法治是社会现代化的根本保障和主要标志，必须全面加强社会法治建设，强化法治保障。道德是社会现代化的灵魂和根基，必须加强社会道德建设，弘扬社会正气。自治是社会基层运行的基本方式和依托，必须完善城乡基层社会自治制度，增强社会活力。要使法治、德治、自治密切联系、良性互动、相互促进。只有正确认识和处理好这些基本关系，才能使社会治理现代化建设得以持续、健康、顺利发展，实现既定的任务和目标。

回顾新中国 70 年推进社会治理现代化的非凡历程，我们可以清晰地看到，尽管前进道路上有不少风雨、坎坷、曲折，但毕竟取得了中国几千年历史上前所未有的巨大进步。党的十八大以来，随着中国特色社会主义进入新时代，全面建成小康社会的宏伟目标即将实现，中华民族迎来了从站起来、富起来到强起来的伟大飞跃，迎来了实现中华民族伟大复兴的光明前景。同时，应当看到，我们正处于世界百年未有之大变局，面临的国际国内环境愈益错综复杂。国外一些不愿看到中国由大变强的势力渗透加剧，给我国社会治理增加新压力；全面深化改革开放和现代化建设已进入滚石上山爬坡过坎的关键阶段，特别是传统社会向现代社会转变步伐加快，给社会治理提出许多新挑战；以信息化为代表的现代科技迅猛发展，给社会治理增添新变量；许多社会矛盾和社会问题交织叠加，给社会治理增加新难度；社会主要矛盾转化，人民群众向往更加美好的生活，给社会治理提出新要求。这些是社会治理理论研究者、实务工作者面临的重大课题，也为我们提供了施展才华、大有作为的广阔舞台。我们愿与大家携手并进、团结合作，共同为推进新时代中国社会治理现代化、实现中华民族伟大复兴的中国梦，贡献智慧和力量！

（作者系原国家行政学院党委书记、北京师范大学中国社会管理研究院院长；

本文系作者 2019 年 7 月 6 日在北京师范大学召开的第九届中国社会治理论坛上的主旨演讲）

新中国 70 年党的光辉历程

曲青山

回望历史是为了更好地阔步前行。2019 年，我们将迎来中华人民共和国 70 周年华诞。70 年前，中国共产党团结带领中国人民历经 28 年艰苦卓绝的斗争，成功推翻帝国主义、封建主义和官僚资本主义三座大山，完成了新民主主义革命。新中国的成立，使中国大陆延续几千年的剥削阶级统治宣告结束，中华民族被帝国主义欺凌压迫的屈辱历史宣告结束，中国人民从此成为国家、社会和自己命运的主人，走上一条独立自主、民族复兴的道路。

70 年披荆斩棘，70 年风雨兼程。习近平总书记在 2019 年新年贺词中指出："一路走来，中国人民自力更生、艰苦奋斗，创造了举世瞩目的中国奇迹。"这一奇迹的背后，有中国共产党领导全国各族人民辛勤挥洒的汗水、泪水甚至鲜血，有中国共产党人不忘初心、牢记使命的铁肩担当。在继续追梦的今天，我们回顾新中国 70 年来党走过的光辉历程，从历史经验中汲取力量，从历史规律中获取智慧，对于我们更加稳健地迈上新征程，成功应对前进道路上的"乱云"和"风浪"，"以坚如磐石的信心、只争朝夕的劲头、坚韧不拔的毅力，一步一个脚印把前无古人的伟大事业推向前进"具有重要意义。

七十年破浪前进

我们党坚持用时代发展的要求审视自己，以自我革命的精神加强和完善自己，战胜种种风险、跨越重重挑战、不断攻坚克难，并在此过程中将自身锻造得更加坚强有力、更加朝气蓬勃

1949 年新中国成立时，经受了战争创伤的中华大地满目疮痍、百废待兴。以毛泽东同志为核心的党的第一代中央领导集体，建立和巩固人民民主政权，领导人民迅速恢复国民经济，不失时机地提出过渡时期总路线，顺利实现了由新民主主义到社会主义的转变，建立起社会主义基本制度，为中华民族伟大复兴奠定了根本制度基础。从 1956 年开始，党领导人民转入全面的大规模社会主义建设，并对社会主义建设道路进行了艰辛探索。尽管遇到严重挫折，但社会主义建设特别是经济建设仍取得很大成就，为新的历史时期开创中国特色社会主义提供了宝贵经验、理论准备、物质基础。

1978 年党的十一届三中全会作出把党和国家工作中心转移到经济建设上来、实行改革开放的历史性决策，实现了党的伟大历史

转折，掀开了共和国历史新的一页。以邓小平同志为核心的党的第二代中央领导集体，紧紧抓住什么是社会主义、怎样建设社会主义这个基本问题，第一次比较系统地初步回答了在中国这样一个经济文化比较落后的国家如何建设社会主义、如何巩固和发展社会主义的一系列基本问题，用新的思想观点继承和发展了马克思主义，把对社会主义的认识提高到了新的科学水平，成功开创了中国特色社会主义。党的十三届四中全会以后，以江泽民同志为核心的党的第三代中央领导集体，在国内外形势十分复杂、世界社会主义出现严重曲折的考验面前捍卫了中国特色社会主义，依据新的实践确立了社会主义市场经济体制的改革目标和基本框架，确立了社会主义初级阶段的基本经济制度和分配制度，推进了党的建设新的伟大工程，深刻认识和回答建设什么样的党、怎样建设党等重大问题，成功把中国特色社会主义推向 21 世纪。党的十六大以后，以胡锦涛同志为总书记的党中央，坚持以人为本、全面协调可持续发展，提出构建社会主义和谐社会、加快生态文明建设，形成中国特色社会主义事业总体布局，推动党的执政能力和先进性建设，深刻认识和回答实现什么样的发展、怎样发展等重大问题，成功在新的历史起点上坚持和发展了中国特色社会主义。

2012 年党的十八大以来，中国特色社会主义进入新时代，党和国家事业全面开创新局面。以习近平同志为核心的党中央，坚定不移全面加强党的领导，极大增强了党的凝聚力、战斗力和领导力、号召力；坚定不移贯彻新发展理念，建设现代化经济体系，经济建设取得重大成就，发展质量和效益不断提升；坚定不移全面深化改革，改革全面发力、多点突破、纵深推进，国家治理体系和治理能力现代化水平明显提升；坚定不移全面推进依法治国，党运用法律手段领导和治理国家的能力显著增强；坚定不移推进思想文化建设，加强党的理论创新，全党全社会思想上的团结统一更加巩固；坚定不移推进社会建设，坚持保障和改善民生，人民生活水平不断提高，全面建成小康社会的目标不断靠近，社会治理体系更加完善；坚定不移推进生态文明建设，美丽中国建设迈出重要步伐；坚定不移推进国防和军队现代化，实现人民军队革命性重塑；坚定不移推进中国特色大国外交，形成全方位、多层次、立体化的外交布局，营造我国发展的良好外部条件；坚定不移推进全面从严治党，着力解决人民群众反映最强烈、对党的执政基础威胁最大的突出问题，党自我净化、自我完善、自我革新、自我提高能力显著增强，党的执政基础和群众基础更加巩固。

"事非经过不知难。"70 年来，我们党历经风雨、波澜起伏。从内部环境来看，面对新中国成立之初经济凋敝、一穷二白的局面，面对探索建设道路过程中出现的严重曲折，面对政治风波、"台独"等分裂势力、"法轮功"邪教组织的挑战，面对地震、洪水、冰冻、泥石流、"非典"疫情的严峻考验，党和人民遇到的困难世所罕见；从外部形势来看，面对美国等国家曾对我国实施的经济封锁、军事威胁、政治孤立、外交压迫以及蓄意挑起的贸易摩擦，面对亚洲金融危机、国际金融危机的冲击，党和人民受到的压力世所罕见；从坚持在社会主义道路上前进的使命来看，面对在中国存在了几千年的剥削制度，要进行社会主义改造、建立社会主义基本制度，要实行改革开放，探索中国自己的社会主义建设道路，要全面建成小康社会和建成社会主义现代化强国，实现中华民族伟大复兴，党和人民面临的任务也世所罕见。我们党坚持用时代发展的要求审视自己，以自我革命的精神加强和完善自己，战胜种种风险、跨越重重挑战、不断攻坚克难，并在此过程中将自身锻造得更加坚强有力、更加朝气蓬勃，成为引领社会发展进步的核心力量和全国人民的主心骨。历史证明，中国共产党不仅是一个善于领导人民改造旧世界的政党，而且是一个善于领导人民建设新国家的政党。

七十年书写奇迹

伟大的党创造伟大的历史，伟大的历史创造伟大的成就。在中国共产党领导下，中华大地在 70 年弹指一挥间，发生了翻天覆地的变化，书写出人类历史上前所未有的发展奇迹

从宏观视角俯瞰，70 年中我们党领导人民取得了一个根本成就，进行了两场伟大革命，实现了三次伟大飞跃。一个根本成就，是开创、坚持和发展了中国特色社会主义。我们党在推进社会主义革命、社会主义建设和改革开放的进程中，坚持把马克思主义基本原理同中国实际和时代特征结合起来，独立自主走自己的路，历尽

千辛万苦、付出巨大代价，开辟了中国特色社会主义道路，形成了中国特色社会主义理论体系，确立了中国特色社会主义制度，发展了中国特色社会主义文化。中国特色社会主义贯穿新中国的 70 年历程，涵盖这一历史时期丰富内容的各个方面，既是其他成就发展的必然产物，又在更高层次上体现了其他成就。经过长期努力，中国特色社会主义进入了新时代。在这一新的历史方位上，中国特色社会主义必将继续丰富、提升和拓展。

两场伟大革命，是我们党领导人民进行伟大社会革命和领导全党进行伟大自我革命。"革命者"是共产党人最鲜明的身份特质和亘久不变的政治角色。战争年代，我们党领导人民武装夺取政权，是革命；中华人民共和国成立后，我们党带领人民进行社会主义改造和社会主义建设，也是革命；党领导人民开启波澜壮阔的改革开放，是革命；在中国特色社会主义进入新时代的新的历史条件下，党领导人民进行伟大斗争、建设伟大工程、推进伟大事业、实现伟大梦想，同样也是革命，而且是一场更广泛、更深刻的伟大社会革命和自我革命。从 1949 年中华人民共和国成立至 1978 年党的十一届三中全会召开的 29 年里，我们党团结带领人民完成社会主义革命，确立社会主义基本制度，完成了中华民族有史以来最为广泛而深刻的社会变革；党的十一届三中全会召开后，我们党团结带领人民进行改革开放新的伟大革命，破除阻碍国家和民族发展的一切思想和体制障碍，极大激发广大人民群众的创造性，极大解放和发展社会生产力，极大增强社会发展活力，中华民族迎来实现伟大复兴的光明前景。在进行社会革命的同时，我们党不断进行自我革命。党能够从根本宗旨和使命出发，从人民根本利益出发，检视自己、克服缺点、解决问题、纠正错误，实现自我扬弃、自我超越。这是我们党区别于其他政党最显著的标志，也是我们党不断从胜利走向新的胜利的关键所在。

三次伟大飞跃，是我们党领导人民实现中华民族从"东亚病夫"到站起来的伟大飞跃、实现从站起来到富起来的伟大飞跃，迎来中华民族从富起来到强起来的伟大飞跃。中华人民共和国的成立是中华民族站起来的起点和基本标志，但站得住、站得稳需要一个历史过程。我们建立起独立的比较完整的工业体系和国民经济体系，在赢得政治独立之后又赢得经济独立，不仅将"东亚病夫"的帽子甩到太平洋中去，而且积累了社会主义建设的宝贵经验，形成了立足国情的政治、文化制度和有计划、有秩序的经济社会发展格局。改革开放使中国大踏步赶上时代，实现前所未有的发展。从 1978 年至 21 世纪头 10 年，我国经济高速增长，到 2010 年时，国内生产总值超过日本，成为世界第二大经济体，同时，出口超过德国，成为世界第一大出口国。作为 18 世纪工业革命以来继英国、美国、日本、德国之后的世界工厂，我国先后于 1999 年和 2010 年跨入下中等收入国家和上中等收入国家的行列。随着经济实力、人民生活水平、综合国力迈上一个大台阶，中华民族富起来逐渐成为现实。党的十八大以来，党和国家事业取得全方位、开创性历史成就，发生深层次、根本性历史变革。我国经济由高速增长转向高质量发展，建设现代化经济体系，建设科技强国、航天强国、网络强国、交通强国、数字强国、智慧社会等，正在从设想逐步变成现实。我们稳居全球第二大经济体、世界第一制造大国和货物贸易大国、第一外汇储备大国的地位，是全球经济增长的最大贡献者。我们着力解决人民日益增长的美好生活需要和不平衡不充分发展之间的矛盾，不断促进人的全面发展和全体人民共同富裕，人民群众的获得感、幸福感、安全感不断增强。中国日益走近世界舞台中央，对世界的影响力、感召力、塑造力日益增强。伟大祖国正健步走向强盛，中华民族正快速走向复兴。

从中观视角考察，70 年间我们党领导人民进行社会主义革命和改革，在思想理论、制度创新、经济政治文化社会生态文明发展和国防外交以及党的自身建设等各方面取得了重要成果。党在社会主义改造和探索社会主义建设道路过程中，进一步丰富和发展毛泽东思想；把马克思主义基本原理同中国改革开放的具体实际结合起来，先后形成邓小平理论、"三个代表"重要思想、科学发展观，创立和发展了中国特色社会主义理论体系；顺应时代发展，开辟马克思主义新境界、中国特色社会主义新境界、治国理政新境界、管党治党新境界，创立了习近平新时代中国特色社会主义思想。在没有现成的教科书可供学习、没有成熟的发展模式可供模仿的情况下，党和国家独立自主地探索出一整套适合自己的制度体系：社会主义市场经济体制把社会主义和市场经济的优势结合起来，人民代表大会制度保障人民当家作主的权利，中国共产党领导的多党合作和政治协商制度搭建起和谐的党际关系，民族区域自治制度建构了融洽的民族关系，"一国两制"开辟了以和平方式实现祖国统一的新路径。我们创造了经济社会发展的伟大奇迹，创造了人类发展史上罕见的中国速度，不仅经受住 1997 年亚洲金融危机、2008 年国际金融危机、2018 年中美经贸摩擦等严重冲击，而且达到经济总量突破 90 万亿元的历史新高度，表现出极强的发展韧性；不仅大幅提高了人民的"吃穿住行用"水平，而且即将全面解决困扰中华民族数千年的贫困问题。我们不断推进人民军队革命化、现代化、正规化建设。我们坚持独立自主的和平外交政策，不仅在 1971 年就恢复了中华人民共和国在联合国的合法席位，而且积极扩大在国际社会的朋友圈，以维护世界和平、促进共同发展的诚意和善意提出"一带一路"、构建人类命运共同体倡议。我们不断加强和改进党的建设，党员队伍不断壮大，党员总数接近 9000 万，是新中国成立时的 20 倍；党的基层组织数超过 457 万，是新中国成立时的 23 倍。党的领导水平和执政能力显著提高，党的领导核心作用充分发挥。

从微观视角透视，70 年来，在中国共产党领导下，中华民族生机勃勃、发愤图强，中国人民意气风发、艰苦奋斗，创造出一个又一个彪炳历史的卓越成绩。"两弹一星"、超级杂交水稻、高性能计算机等工程技术成果，多复变函数论、陆相成油理论、人工合成牛胰岛素、高温超导、中微子物理、纳米科技等基础科学突破，还有载人航天、探月工程、量子通信、北斗导航、载人深潜等尖端科技成就，大数据、云计算、人工智能等新技术，数字经济、平台经济、共享经济等新经济形式。凡此种种，都在向世人宣示着这70年的辉煌。

七十年宝贵启示

对于新中国所取得的一切成绩和进步而言，坚持和加强中国共产党的领导是根本政治保证，坚持和推进马克思主义中国化时代化大众化是根本思想保证，坚持和发展中国特色社会主义是根本路径保证，坚持紧紧依靠人民是根本力量保证。

光辉成就的取得，不只是历史演变的结果，更是面向未来开拓前进的智慧源泉。正如马克思指出的："如果把这些演变中的每一个都分别加以研究，然后再把它们加以比较，我们就会很容易地找到理解这种现象的钥匙。"回顾70年历史可以看出，党和国家不断发展进步的钥匙，是坚持和加强中国共产党的领导，是坚持和推进马克思主义中国化时代化大众化，是坚持和发展中国特色社会主义，是坚持紧紧依靠人民。

办好中国的事情，关键在党。没有共产党就没有新中国，没有共产党作为中国特色社会主义事业的坚强领导核心，就没有中国的现代化，中华民族复兴伟业就不可能实现。中国共产党是中国工人阶级的先锋队，同时是中国人民和中华民族的先锋队。这样的性质，决定了我们党能够摆脱以往一切政党受阶级利益束缚的历史局限，做其他政党不愿做、不想做、不能做，也做不了、做不好的事。光明磊落、襟怀坦白，坚持真理、修正错误，成为中国共产党人的优良传统和品格。这也就是 70 年中党和国家的事业遭受挫折，而我们党却能够迅速纠正错误，化险为夷，走出困境，开创新局面的根本原因。中国特色社会主义最本质的特征是中国共产党领导，中国特色社会主义制度的最大优势是中国共产党领导。党政军民学，东西南北中，党是领导一切的。在新的征程中，我们要不断增强"四个意识"，坚决维护习近平总书记党中央的核心、全党的核心地位，坚决维护党中央权威和集中统一领导，继续充分发挥党总揽全局、协调各方的领导核心作用。

没有革命的理论，就不会有革命的运动。主义譬如一面旗帜，马克思主义是立党立国的根本，是指引中国发展进步的旗帜，是全国各族人民团结奋斗的思想基础。没有这个思想基础，党就要瓦解、国家就要解体、民族就要分裂。不仅如此，党还一贯强调实事求是，不断根据新的实际情况进行创新和变革，时刻保持与时俱进的先进性。作为世界最大的执政党，领导一个有着近 14 亿人口的发展中大国，面对深刻变化的国际国内环境、面对人们思想观念多元多样多变的新情况，只有坚持马克思主义同中国实际和时代特征相结合，善于把握客观情况的发展变化，善于总结人民群众的实践经验，才能不断推进马克思主义中国化、时代化、大众化，党和人民的开拓奋进才会始终有光辉旗帜的引领，真理的光芒才能转化成推进党和人民事业发展的强大物质力量。

旗帜决定方向，道路决定命运。新中国 70 年的历史充分证明，中国特色社会主义是当代中国发展进步的根本方向，只有中国特色社会主义才能发展中国。中国特色社会主义承载着几代中国共产党人的理想和探索，寄托着无数仁人志士的夙愿和期盼，凝聚着亿万人民的奋斗和牺牲，是近代以来中国社会发展的必然选择，是国家富强、民族振兴、人民幸福的必由之路。中国特色社会主义是中国共产党和中国人民团结的旗帜、奋斗的旗帜、胜利的旗帜。我们要全面建成小康社会、全面建设社会主义现代化强国、实现"两个一百年"奋斗目标、实现中华民族伟大复兴的中国梦，必须坚定不移坚持和发展新时代中国特色社会主义，坚定对中国特色社会主义的道路自信、理论自信、制度自信、文化自信。

江山就是人民，人民就是江山。党和国家的根基在人民、血脉在人民、力量在人民。共和国是人民的共和国，共和国的历史，就是一部我们党和国家坚持和贯彻党的群众路线，一切为了群众，一切依靠群众，从群众中来，到群众中去，把党的正确主张和国家的意志变为群众的自觉行动的生动历史；就是一部党同人民群众血肉相连、生死相依、患难与共的历史。人民是历史的创造者，是决定党和国家前途命运的根本力量。我们党要完成好执政的历史使命，实现既定的奋斗目标，必须坚持人民主体地位，坚持立党为公、执政为民，坚持情为民所系，权为民所用，利为民所谋。必须践行全心全意为人民服务的根本宗旨，把党的群众路线贯彻到治国理政全部活动之中，善于通过提出和贯彻正确的路线方针政策带领人民前进。必须把人民对美好生活的向往作为奋斗目标，坚持发展为了人民、发展依靠人民、发展成果由人民共享，着力增进人民福祉，依靠人民铸就辉煌、创造历史伟业。

新中国 70 年党的光辉历程，宛如一幅气势磅礴而又绚丽多彩的画卷，已经深深地镌刻在中国共产党成长壮大、中华民族发展进步的历史丰碑之上。历史必将续写辉煌。在以习近平同志为核心的党中央坚强领导下，坚持以习近平新时代中国特色社会主义思想为指导，坚定不移地走中国特色社会主义道路，伟大祖国就一定能够在不断攻坚克难、开拓创新中砥砺前行，一定能够胜利到达中华民族伟大复兴的光明彼岸。

（作者系中央党史和文献研究院院长；

原载 2019 年第 16 期《人民论坛》）

不断开辟党的建设新境界

李景田

新中国走过的 70 年，既是党领导的伟大事业取得辉煌成就、中国人民和中华民族面貌发生历史性变化的 70 年，也是我们党持续推进伟大自我革命、党的自身建设不断开辟新境界的 70 年。回顾总结 70 年党的建设的成就与经验，深化对党的建设规律的认识，对于深入学习贯彻习近平新时代中国特色社会主义思想和党的十九大精神，在新的历史起点上坚定不移全面从严治党、不断提高党的执政能力和领导水平，具有十分重要的意义。

紧紧围绕党的政治路线和中心任务加强党的建设

党的建设历来同党的政治路线和中心任务紧密联系在一起。新中国成立后，面对掌握全国政权、建设新中国的形势任务，毛泽东同志指出，我们不但善于破坏一个旧世界，我们还将善于建设一个新世界。按照新的形势任务的要求，我们党组织广大党员、干部学习文化科学知识，有计划开展干部教育和轮训；开展以解决党内思想不纯和组织不纯问题为主的整党活动；开展"三反""五反"运动；等等。这些重要举措为增强党的战斗力、巩固新生的人民政权、全面展开社会主义建设提供了思想保证和组织保证。党的十一届三中全会后，我们党顺应时代潮流和人民意愿，提出"一个中心、两个基本点"的基本路线，强调越是改革开放、发展经济，越要加强党的领导、抓好党的建设。各级党组织和广大党员、干部在推进中国特色社会主义事业中发挥了重要作用。党的十八大以来，以习近平同志为核心的党中央适应中国特色社会主义进入新时代、我国发展的历史方位和社会主要矛盾发生重大变化的新情况，强调坚定不移进行自我革命，充分发挥党的建设新的伟大工程统揽"四个伟大"的决定性作用，狠抓全面从严治党，党在革命性锻造中更加坚强，为党的事业取得历史性成就提供了坚强政治保证。

新中国成立70年来党的建设实践证明，党的建设是党的事业取得胜利的重要法宝。只有紧紧围绕党的政治路线和中心任务加强党的建设，坚持为党领导的伟大事业服务，才能保证党的建设的正确方向，使全党同志始终不忘初心、牢记使命，履行好肩负的神圣职责，坚定不移为实现党的理想而奋斗。

用马克思主义中国化最新成果指导党的建设

坚持思想建党、理论强党，不断推进理论创新，用马克思主义中国化最新成果武装全党、指导实践、推动工作，是我们党加强自身建设的鲜明特点和重要优势。新民主主义革命时期，我们党开辟了中国革命的正确道路，形成了毛泽东思想这一马克思主义中国化的成果，指引中国革命取得伟大胜利，也为党的建设提供了科学指导。新中国成立初期，我们党继续将马克思主义基本原理同中国具体实际相结合，探索符合中国特点的社会主义建设道路，形成一系列新思想新观点新认识，成为毛泽东思想的重要组成部分。党的十一届三中全会后，我们党深刻总结正反两方面经验，深化对什么是社会主义、怎样建设社会主义，建设什么样的党、怎样建设党，实现什么样的发展、怎样发展的认识，形成邓小平理论、"三个代表"重要思想、科学发展观，极大推进了改革开放伟大事业、推动了党的建设。党的十八大以来，以习近平同志为核心的党中央从理论和实践结合上系统回答新时代坚持和发展什么样的中国特色社会主义、怎样坚持和发展中国特色社会主义这一重大时代课题，形成了习近平新时代中国特色社会主义思想，为实现中华民族伟大复兴提供了行动指南，为推进新时代党的建设提供了强大思想武器。

新中国成立 70 年来党的建设实践证明，只有根据时代变化和党的事业发展不断推进党的理论创新，用马克思主义中国化最新成果指导党的建设，才能为党团结统一、不断前进提供坚实思想基础和强大精神动力。我们要始终坚持实践基础上的理论创新，把握党的建设的客观规律，科学回答党的建设面临的一系列重大问题，坚持用党的理论创新成果指导党的建设。

把坚持和加强党的全面领导作为党的建设的
根本原则

党政军民学，东西南北中，党是领导一切的。新中国一成立，毛泽东同志就强调，领导我们事业的核心力量是中国共产党，"没有这样一个核心，社会主义事业就不能胜利"。改革开放后，我们党旗帜鲜明地坚持和加强党的全面领导。邓小平同志将坚持党的领导作为四项基本原则中最重要的一条，指出"中国由共产党领导，中国的社会主义现代化建设事业由共产党领导，这个原则是不能动摇的；动摇了中国就要倒退到分裂和混乱，就不可能实现现代化"。江泽民同志强调，全面建设小康社会，必须毫不放松地加强和改善党的领导，全面推进党的建设新的伟大工程。胡锦涛同志指出，"坚持和改善党的领导，是我们事业胜利前进的根本保证"。党的十八大以来，习近平同志深刻指出，中国特色社会主义最本质的特征是中国共产党领导，中国特色社会主义制度的最大优势是中国共产党领导，党是最高政治领导力量。以习近平同志为核心的党中央制定实施一系列坚持和加强党的全面领导的制度措施，我们党充分发挥了中国特色社会主义事业的领导核心作用。

新中国成立 70 年来党的建设实践证明，坚持和加强党的全面领导是党的建设的根本原则。只有把坚持和加强党的全面领导作为党的建设的根本着眼点，着重解决党的领导方面存在的突出问题，才能牢牢抓住党的建设的关键，不断提高党的执政能力和领导水平，使我们党始终成为中国人民的"主心骨"，成为中国特色社会主义事业的坚强领导核心。

坚持以人民为中心加强党的建设

人民立场是党的根本政治立场，以人民为中心是党的建设的基本价值取向。新中国成立 70 年来，我们党始终坚持用马克思主义群众观和党的根本宗旨教育全党，引导党员、干部始终同人民群众同呼吸、共命运、心连心；坚持党的群众路线，与群众一块过、一块苦、一块干；坚持把党的根本宗旨贯彻到党的建设各项工作中，把解决人民群众最关心最直接最现实的利益问题作为党的建设的着力点；坚持把群众拥护不拥护、赞成不赞成、高兴不高兴、答应不答应作为检验和衡量党的建设成效的标准，把人民群众的支持帮助作为管党治党的重要依靠力量。特别是党的十八大以来，以习近平同志为核心的党中央提出坚持以人民为中心，把实现好维护好发展好最广大人民根本利益作为党的建设的出发点和落脚点，满足群众所需所急所盼，让人民有更多更直接更实在的获得感、幸福感、安全感，赢得了广大人民群众的拥护和支持。

新中国成立 70 年来党的建设实践证明，为中国人民谋幸福，为中华民族谋复兴，是中国共产党人的初心和使命；始终保持同人民群众的血肉联系，是党战胜各种困难风险、取得事业成功的根本保证。只有始终不忘党的根本宗旨，尊重人民主体地位，坚持以人民为中心的发展思想，真正实现好维护好发展好最广大人民根本利益，才能汇聚起推动党领导的伟大事业和党的建设新的伟大工程的磅礴力量，确保党始终立于不败之地。

不断完善党的建设总体布局

党的建设总体布局擘划出党的建设的基本内容和整体格局。总体布局立起来了，党的建设就有了实体支撑。新中国成立后，我们党不断总结党的建设经验，根据新的实践要求拓展党建内涵、完善布局内容，在很长时间内一直突出思想建设、组织建设和作风建设。改革开放后，党的十三大在思想建设、组织建设、作风建设的基础上提出"加强党的制度建设"；党的十四大提出"党的思想、政治、组织、作风建设"，并对"坚持反腐败斗争"和"加强制度建设"提出具体要求；党的十六大提出"把思想建设、组织建设和作风建设有机结合起来，把制度建设贯穿其中""深入开展反腐败斗争"；党的十七大提出党的思想建设、组织建设、作风建设、制度建设、反腐倡廉建设的布局。党的十八大以来，我们党深刻总结历史经验特别是全面从严治党的新鲜经验，对党的建设总体布局进行深入思考和谋划，在党的十九大上进一步提出"以党的政治建设为统领，以坚定理想信念宗旨为根基，以调动全党积极性、主动性、创造性为着力点，全面推进党的政治建设、思想建设、组织建设、作风建设、纪律建设，把制度建设贯穿其中，深入推进反腐败斗争"。2019 年 1 月，中共中央发布《关于加强党的政治建设的意见》，强调"要以党的政治建设为统领，把政治标准和政治要求贯穿党的思想建设、组织建设、作风建设、纪律建设以及制度建设、反腐败斗争始终，以政治上的加强推动全面从严治党向纵深发展，引领带动党的建设质量全面提高"。这突出强调了政治建设的统领作用，概括了新时代党的建设的基本内容，体现了对党的建设规律认识的深化，为全面推进新时代党的建设新的伟大工程指明了方向。

新中国成立 70 年来党的建设实践证明，党的建设总体布局关系党的建设全局，对总体布局的认识越深刻、部署越准确、落实越有力，党的建设就越全面、越深入，越有成效。只有不断完善党的建设总体布局，才能从整体上把握党的建设的战略任务和现实要求，全面加强党的各方面建设，不断提高党的建设质量，把党建得更加坚强有力。

以改革创新精神加强党的建设

坚持用时代发展的要求审视自己，以改革创新精神加强自己，是我们党始终保持蓬勃朝气和旺盛活力的重要原因。新中国成立70年来，我们党大力推进理论创新、实践创新、制度创新，形成一系列创新成果，使党的建设在创新中不断迈出新步伐、开拓新局面。新中国成立初期，为巩固政权和发展经济，我们党创设实施多项制度和政策，着力加强党员队伍建设。改革开放以来，我们党始终坚持以改革创新精神加强自身建设，根据新形势新任务的需要，提出了一系列新思想新举措。例如，针对村民自治条件下农村基层党组织定位不清问题，确立加强以党支部为领导核心的村级组织建设；针对非公有制经济组织蓬勃发展的新情况，着力加强非公有制经济组织党建工作，有力扩大了党组织和党的工作覆盖面；提出把党支部建在农村新型经济合作组织和城市商务楼宇上，拓宽和完善了党的建设途径方法；等等。党的十八大以来，以习近平同志为核心的党中央强调以改革创新精神全面推进党的建设新的伟大工程，着眼于全面从严治党推出了一系列管党治党的创新举措。

新中国成立70年来党的建设实践证明，改革创新是党的建设的强大动力。只有大力弘扬改革创新精神，以新理念新思路新方法解决党的建设中的新课题，才能把党的建设不断推向前进，不断增强党的生机活力，保证我们党始终走在时代前列。

（作者系全国党的建设研究会会长；

原载 2019 年 7 月 1 日《人民日报》）

责任编辑：刘敬文

责任校对：吕　飞

图书在版编目（CIP）数据

新中国成立 70 年大家谈／《新中国成立 70 年大家谈》编写组编 .

　—北京：人民出版社，2019.10

ISBN 978－7－01－021441－2

I. ①新… 　 II. ①新… 　 III. ①社会主义建设成就－中国 　 IV. ① D619

中国版本图书馆 CIP 数据核字（2019）第 229382 号

新中国成立 70 年大家谈

XINZHONGGUO CHENGLI 70NIAN DAJIATAN

本书编写组　编

人 民 出 版 社 出版发行

（100706　北京市东城区隆福寺街 99 号）

中煤（北京）印务有限公司印刷　新华书店经销

2019 年 10 月第 1 版　2019 年 10 月北京第 1 次印刷

开本：710 毫米 × 1000 毫米 1/16　印张：9

字数：90 千字

ISBN 978－7－01－021441－2　定价：32.00 元

邮购地址 100706　北京市东城区隆福寺街 99 号

人民东方图书销售中心　电话（010）65250042　65289539